Modelle für den neusprachlichen Unterricht
Französisch

Herausgegeben von Jürgen Olbert

Changement de la technique du roman français ou roman traditionnel - Nouveau Roman

Eine komparable Textauswahl aus «Le Père Goriot»
von Honoré de Balzac und «La Modification» von Michel Butor,
ergänzt durch theoretische Aufsätze
von Butor, Robbe-Grillet und Astier

zusammengestellt von Rainer Nozinski

Verlag Moritz Diesterweg

Frankfurt am Main · Berlin · München

4282

ISBN 3-425-04282-3

Table des matières

Vorbemerkung

Auffallend ist, daß in den gegenwärtigen Curricula für Französisch der Sekundarstufe II aus dem Bereich der epischen Literatur Autoren des 20. Jahrhunderts dominieren. Neben den bereits etablierten Schriftstellern: Gide, Camus, Malraux und Sartre finden sich auch die 3 bedeutendsten Nouveaux Romanciers: Michel Butor, Alain Robbe-Grillet und Nathalie Sarraute.

Der Nouveau Roman, eine Sammelbezeichnung für das Werk einer avantgardistischen Autorengruppe, ist in den 50er Jahren aus einer Art Antihaltung gegenüber dem traditionellen Roman geboren. Auf der stetigen Suche nach neuen Formen, die die Veränderung der Wirklichkeit des 19. Jahrhunderts adäquat widerspiegeln, soll der Leser der überkommenen Realität entrissen und mit der viel komplexeren, dynamischen Gegenwart konfrontiert werden.

Neben der aktiven, re-kreativen Lektüre ist für die kritische Betrachtung des Nouveau Roman das Verständnis des traditionellen, klassischen Romans unentbehrlich. So bietet sich ein gleichzeitiger, kontrastiver Vergleich der beiden Romangattungen geradezu an: zum einen können dann wesentliche individuelle Charakteristika erarbeitet werden und zum anderen offenbaren die spezifischen Unterschiede bereits bei einer Gegenüberstellung der Ergebnisse die veränderten auktorialen Intentionen.

Die beiden Romane, anhand derer *die Wandlung in der Technik des französischen Romans* elaboriert werden soll, können als exemplarisch für ihre jeweilige Gattung angesehen werden: „Le Père Goriot" – „voici l'un des titres les plus célèbres de la littérature française"[1] – ist das Hauptwerk Balzacs, der als der traditionelle Schriftsteller par excellence gilt und dessen Romankonzeption Gegenstand zahlreicher Essais von Nouveaux Romanciers geworden ist.

„La Modification" von Michel Butor ist demgegenüber wohl der bekannteste und verbreitetste Nouveau Roman.

Die theoretischen Texte von Butor, Robbe-Grillet und Astier sind u. a. als zusätzliche Interpretationshilfen gedacht: so wird z. B. die Berücksichtigung des Butor'schen Aufsatzes am zweckmäßigsten im Anschluß an den Romananfang von „La Modification" erfolgen.

Zu jedem Text habe ich lediglich die essentiellen Aufgaben bzw. Fragen formuliert, die Gegenstand der jeweiligen Textanalyse sein sollten, um das intendierte Ziel einer induktiven Erarbeitung der Wandlung in der Technik des französischen Romans zu gewährleisten.

---

[1] Pierre Barbéris: Le Père Goriot de Balzac, Paris 1972, S. 9

Unter „Sujets complémentaires" finden sich oftmals Aufgaben, die über die eigentliche Textinterpretation hinausgehen und elaborierte Ergebnisse einer weiterführenden Reflexion unterziehen.
Ich würde mich sehr freuen, wenn diese Unterrichtsreihe einige Schüler anregte, beide Romane in einer ungekürzten Ausgabe zu lesen bzw. sich mit weiteren literarischen Texten kritisch zu beschäftigen.

Honoré de Balzac (1799—1850) qui compte parmi les plus célèbres romanciers passe pour le vrai représentant du roman classique ou traditionnel. Travailleur infatigable, il reproduisit dans ‹La comédie humaine›, l'œuvre immense de quelque 90 romans qu'il accomplit en vingt ans (1830—1850), la société française de la Restauration et de la Monarchie de Juillet. A l'aide de la technique du retour des personnages — ses héros reparaissent d'un roman à l'autre — il réussit à nous fournir un tableau quasi complet de la vie contemporaine. Ses descriptions minutieuses peignent et accusent d'une manière impitoyable les défauts des différents milieux sociaux: les passions et les vices humains, la soif de l'or et du pouvoir.
A côté du Père Goriot, écrit en 1834, les romans les plus connus de Balzac sont Eugenie Grandet, Le Lys dans la Vallée, Illusions perdues, Les Chouans et La Peau de Chagrin.
Dans ‹Le Père Goriot›, Balzac nous raconte le martyre d'un ancien fabricant abandonné par ses deux filles tant aimées.

Texte 1:

Honoré de Balzac «Le Père Goriot»

Le début du roman

(Edition: Le Livre de Poche pp. 5—9)

Madame Vauquer, née de Conflans, est une vieille femme qui, depuis quarante ans, tient à Paris une pension bourgeoise établie rue Neuve-Sainte-Geneviève, entre le quartier latin et le faubourg Saint-Marceau. Cette pension, connue sous le nom de la Maison Vauquer, admet également des hommes et des femmes, des jeunes gens et des vieillards, sans que jamais la médisance ait attaqué les mœurs de ce respectable établissement. Mais aussi depuis trente ans ne s'y était-il jamais vu de jeune personne, et pour qu'un jeune homme y demeure, sa famille doit-elle lui faire une bien maigre pension. Néanmoins, en 1819, époque à laquelle ce drame commence, il s'y trouvait une pauvre jeune fille. En quelque discrédit que soit tombé le mot drame par la manière abusive et tortionnaire dont il a été prodigué dans ces temps de douloureuse littérature, il est nécessaire de l'employer ici: non que cette histoire soit dramatique dans le sens vrai du mot; mais, l'œuvre accomplie, peut-être aura-t-on versé quelques larmes *intra muros* et *extra.* Sera-t-elle comprise au-delà de Paris? le doute est permis. Les particularités de cette scène pleine d'observations et de couleurs locales ne peuvent être appréciées qu'entre les buttes de Montmartre et les hauteurs de Montrouge, dans cette illustre vallée de plâtras incessamment près de tomber et de ruisseaux noirs de boue; vallée remplie de souffrances réelles, de joies souvent fausses, et si terriblement agitée qu'il faut je ne sais quoi d'exorbitant pour y produire une sensation de quelque durée. Cependant il s'y rencontre ça et là des douleurs que l'agglomération des vices et des vertus rend grandes et solennelles: à leur aspect, les égoïsmes, les intérêts, s'arrêtent et s'apitoient; mais l'impression qu'ils en reçoivent est comme un fruit savoureux promptement dévoré. Le char de la civilisation, semblable à celui de l'idole de Jaggernat, à peine retardé par un cœur moins facile à broyer que les autres et qui enraye sa roue, l'a brisé bientôt et continue sa marche glorieuse. Ainsi ferez-vous, vous qui tenez ce livre d'une main blanche, vous qui vous enfoncez dans un moelleux fauteuil en vous disant: Peut-être ceci va-t-il m'amuser. Après avoir lu les secrètes infortunes du père Goriot, vous dînerez avec appétit en mettant votre insensibilité sur le compte de l'auteur, en le taxant d'exagération, en l'accusant de poésie. Ah! sachez-le: ce drame n'est ni une fiction, ni un roman. *All is true*, il est si véritable, que chacun peut en reconnaître les éléments chez soi, dans son cœur peut-être.

La maison où s'exploite la pension bourgeoise appartient à madame Vauquer. Elle est située dans le bas de la rue Neuve-Sainte-Geneviève, à l'endroit où le terrain s'abaisse vers la rue de l'Arbalète par une pente si brusque et si rude que les chevaux la montent ou la descendent rarement. Cette circonstance est favorable au silence qui règne dans ces rues serrées entre le dôme du Val-de-Grâce et le dôme du Panthéon, deux monuments qui changent les conditions de l'atmosphère en y jetant des tons jaunes, en y assombrissant tout par les teintes sévères que projettent leurs coupoles. Là, les pavés sont secs, les ruisseaux n'ont ni boue ni eau, l'herbe croît le long des murs. L'homme le plus insouciant s'y attriste comme tous les passants, le bruit d'une voiture y devient un événement, les maisons y sont mornes, les murailles y sentent la prison. Un Parisien égaré ne verrait là que des pensions bourgeoises ou des Institutions, de la misère ou de l'ennui, de la vieillesse qui meurt, de la joyeuse jeunesse contrainte à travailler. Nul quartier de Paris n'est plus horrible, ni, disons-le, plus inconnu. La rue Neuve-Sainte-Geneviève surtout est comme un cadre de bronze, le seul qui convienne à ce récit, auquel on ne saurait trop préparer l'intelligence par des couleurs brunes, par des idées graves; ainsi que, de marche en marche, le jour diminue et le chant du conducteur se creuse, alors que le voyageur descend aux Catacombes. Comparaison vraie! Qui décidera de ce qui est plus horrible à voir, ou des cœurs desséchés, ou des crânes vides?

La façade de la pension donne sur un jardinet, en sorte que la maison tombe à angle droit sur la rue Neuve-Sainte-Geneviève, où vous la voyez coupée dans sa profondeur. Le long de cette façade, entre la maison et le jardinet, règne un cailloutis en cuvette, large d'une toise, devant lequel est une allée sablée, bordée de géraniums, de lauriers-roses et de grenadiers plantés dans de grands-vases en faïence bleue et blanche. On entre dans cette allée par une porte bâtarde, surmontée d'un écriteau sur lequel est écrit: Maison-Vauquer, et dessous: *Pension bourgeoise des deux sexes et autres.* Pendant le jour, une porte à claire-voie, armée d'une sonnette criarde, laisse apercevoir au bout du petit pavé, sur le mur opposé à la rue, une arcade peinte en marbre vert par un artiste du quartier. Sous le renfoncement que simule cette peinture, s'élève une statue représentant l'Amour. A voir le vernis écaillé qui la couvre, les amateurs de symboles y découvriraient peut-être un mythe de l'amour parisien qu'on guérit à quelques pas de là. Sous le socle, cette inscription à demi effacée rappelle le temps auquel remonte cet ornement par l'enthousiasme dont il témoigne pour Voltaire, rentré dans Paris en 1777:

Qui que tu sois, voici ton maître:
Il l'est, le fut, ou le doit être.

A la nuit tombante, la porte à claire-voie est remplacée par une porte pleine. Le jardinet, aussi large que la façade est longue, se trouve encaissé par le mur mitoyen de la maison voisine, le long de laquelle pend un manteau de lierre qui la cache entièrement, et attire les yeux des passants par un effet pittoresque dans Paris. Chacun de ces murs est tapissé d'espaliers et de vignes dont les fructifications grêles et poudreuses sont l'objet des craintes annuelles de madame Vauquer et de ses conversations avec les pensionnaires. Le long de chaque muraille, règne une étroite allée qui mène à un couvert de tilleuls, mot que madame Vauquer, quoique née de Conflans, prononce obstinément *tieuilles,* malgré les observations grammaticales de ses hôtes. Entre les deux allées latérales est un carrée d'artichauts flanqué d'arbres fruitiers en quenouille, et bordé d'oseille, de laitue ou de persil. Sous le couvert de tilleuls est plantée une table ronde peinte en vert, et entourée de sièges. Là, durant les jours caniculaires, les convives assez riches pour se permettre de prendre du café, viennent le savourer par une chaleur capable de faire éclore des œufs. La façade, élevée de trois étages et surmontée de mansardes, est bâtie en moellons et badigeonnée avec cette couleur jaune qui donne un caractère ignoble à presque toutes les maisons de Paris. Les cinq croisées percées à chaque étage ont de petits carreaux et sont garnies de jalousies dont aucune n'est relevée de la même manière, en sorte que toutes leurs lignes jurent entre elles. La profondeur de cette maison comporte deux croisées qui, au rez-de-chaussée, ont pour ornement des barreaux en fer, grillagés. Derrière le bâtiment est une cour large d'environ vingt pieds, où vivent en bonne intelligence des cochons, des poules, des lapins, et au fond de laquelle s'élève un hangar à serrer le bois. Entre ce hangar et la fenêtre de la cuisine se suspend le garde-manger, au-dessous duquel tombent les eaux grasses de l'évier. Cette cour a sur la rue Neuve-Sainte-Geneviève une porte étroite par où la cuisinière chasse les ordures de la maison en nettoyant cette sentine à grand renfort d'eau, sous peine de pestilence.

Vocabulaire

6 **la médisance** — paroles qui disent de qqn un mal qui est vrai; bavardage
10 **le discrédit** — diminution de la confiance, de l'estime dont jouissait une personne, une idée
11 **abusif, ve** — contraire à la norme; exagéré; excessif p. ex.: l'usage abusif d'un médicament
11 **tortionnaire** — transformé par force, violence; ici: qui dépend du bon plaisir, d'un caprice de qqn; employé d'une manière arbitraire
12 **prodigué, e** — utilisé sans mesure
18 **la butte** — petite colline
19 **le plâtras** — le débris de plâtre; ici: les maisons négligemment construites, qui se détruisent lentement
21 **exorbitant, e** — qui sort des bornes, de la juste mesure; excessif
23 **une agglomération** (fig.) — concentration
24 **s'apitoyer** — avoir pitié de qqn; éprouver de la pitié
26 **le char** — voiture à deux roues pour les combats, les jeux etc.; le ‹char de la civilisation›, c'est l'histoire humaine
27 **l'idole de Jaggernat** — c'est le fétiche de la civilisation
28 **broyer** — écraser totalement
28 **enrayer** — freiner
33 **taxer** — ici: accuser
34 **une fiction** — création de l'imagination
37 **la maison où s'exploite** — la maison où est tenue
38 **le bas** — la partie basse, inférieure
39 **s'abaisser** — descendre à un niveau plus bas
39 **la pente** — inclinaison (Gefälle)
44 **des tons jaunes** — il faut savoir que la couleur jaune symbolisait le deshonneur, et l'infériorité
44 **assombrir** — rendre sombre; contraire: éclaircir
44 **la teinte** — la couleur; la nuance
45 **le pavé** — Straßenpflaster
48 **morne** — triste; sombre
55 **le jour** — ici: la lumière
56 **se creuser** (fig.) — hohl werden
62 **un cailloutis en cuvette** — eine aus Kieselsteinen bestehende Abflußrinne
62 **une toise** — ancienne mesure de longueur (Klafter = 1,949 m)
63 **le laurier-rose** — Oleander
63 **le grenadier** — Granatapfelbaum
65 **bâtard, e** — ici: moyennement, passablement grand
65 **une porte, surmontée d'un écriteau** — une porte au-dessus de laquelle est placée une inscription

67 **une porte à claire-voie** — Gittertür
68 **criard, e** — ici: qui rend un son perçant
71 **le vernis écaillé** — laque qui se détache, qui tombe (une écaille = plaque cornée qui recouvre le corps des poissons et des reptiles)
73 à quelques pas de la statue, il y a un hôpital où l'on soigne les maladies contagieuses, qui se communiquent par les rapports sexuels.
80 **encaissé, e** — enfermé
80 **mitoyen, ne** — qui est entre deux choses, commun à l'une et à l'autre
81 **le lierre** — Efeu
83 **la fructification** — formation de fruits; ici: résultat de la fructification = le fruit
83 **grêle** — petit; mince; faible
86 **un couvert de tilleuls** — Lindenlaube
89 **en quenouille** — wie Spinnenrocken gestutzt; in der Art von Spinnenrocken
90 **l'oseille** — Sauerampfer
90 **la laitue** — sorte de salade
92 **les jours caniculaires** — époque des plus grandes chaleurs (Hundstage)
92 **le convive** — qui prend part à un repas; hôte; invité
93 **savourer** — goûter; boire lentement, avec plaisir
95 **badigeonner** — peindre
96 **ignoble** — sale; laid
97 **la croisée** — ici: fenêtre
97 **le carreau** — plaque de verre dont sont munies les fenêtres, les portes; vitre
99 **jurer** — ici: aller mal ensemble; manquer d'harmonie
101 **des barreaux en fer, grillagés** — Gitterstäbe aus Eisen
103 **un hangar** — remise (Schuppen)
103 **serrer** — fendre
104 **le garde-manger** — petite armoire, dans laquelle on conserve des aliments
105 **les eaux grasses de l'évier** — Spülwasser
106 **chasser** — ici: jeter, mettre dehors
107 **la sentine** — ici: le passage étroit; l'allée étroite
108 **sous peine de pestilence** — ici: pour qu' aucune odeur désagréable ne se dégage

Analyse du texte

1. Le roman porte le titre: Le Père Goriot; — mais qu'est-ce que le lecteur apprend au début de l'œuvre?
2. Trouvez maintenant les idées dominantes qui aident à structurer ce texte et formulez des titres pour chaque unité.
3. Sans doute, vous avez dû constater une certaine difficulté à titrer le premier paragraphe, car il s'y trouve plusieurs idées différentes. Essayer de résumer chacune de ces idées en indiquant en même temps les lignes auxquelles elles se rapportent.
4. Balzac savait très bien que le roman à cette époque ne jouissait pas d'une bonne réputation. Par quels moyens réussit-il quand même à faire valoir cette œuvre romanesque?

5. Caractérisez le quartier parisien où se trouve la pension de Madame Vauquer.
6. Décrivez également l'aspect extérieur et le voisinage de la pension bourgeoise. Quelle impression ressentez-vous?
7. Quelles sont les fonctions du début de ce roman? – Considérez les idées dominantes ainsi que leurs effets sur le lecteur.
8. Pourquoi Balzac s'adresse-t-il au lecteur?
9. Le présent est le temps employé dans cet extrait. – Quelle est la valeur du présent dans l'introduction du roman.

Sujets complémentaires

1. Indiquez les fonctions et les intentions de la tragédie ainsi que celles de la comédie.
2. Informez-vous de la situation historique et sociale pendant la Restauration, époque à laquelle se passe l'action de ce roman.

Exercice de vocabulaire: centres d'intérêt:

la maison (construction – l'ameublement – les fleurs – les arbustes et les arbres.

Texte 2:

Les trois pensionnaires: Victorine Taillefer, Eugène de Rastignac et Vautrin

(pp 18–22)

Après avoir donné une description provisoire de la pension Vauquer, Balzac nous fournit maintenant des considérations plus précises. Il parle d'abord du rez-de-chaussée de la pension (pp. 9–13), des étages occupés par des pensionnaires (pp. 13–15), de la vie à la pension (pp. 15–16), et enfin, il fait des portraits détaillés des pensionnaires:

– Mlle Michonneau (pp. 16–17)
– Poiret (pp. 17–18)
– Victorine (pp. 18–20)
– Rastignac (p. 20)
– Vautrin (pp. 20–22)
– Goriot (pp. 23–38)

Deux figures y formaient un contraste frappant avec la masse des pensionnaires et des habitués. Quoique mademoiselle Victorine Taillefer eût une blancheur maladive semblable à celle des jeunes filles attaquées de chlorose, et qu'elle se rattachât à la souffrance générale qui faisait le fond de ce tableau, par une tristesse habituelle, par une contenance gênée, par un air pauvre et grêle, néanmoins son visage n'était pas vieux, ses mouvements et sa voix étaient agiles. Ce jeune malheur ressemblait à un arbuste aux feuilles jaunies, fraîchement planté dans un terrain contraire. Sa physionomie roussâtre, ses cheveux d'un blond fauve, sa taille trop mince, exprimaient cette grâce que les poètes modernes trouvaient aux statuettes du Moyen Age. Ses yeux gris mélangés de noir exprimaient une douceur, une résignation chrétiennes. Ses vêtements simples, peu coûteux, trahissaient des formes jeunes. Elle était jolie par juxtaposition. Heureuse, elle eût été ravissante: le bonheur est la poésie des femmes, comme la toilette en est le fard. Si la joie d'un bal eût reflété ses teintes rosées sur ce visage pâle; si les douceurs d'une vie élégante eussent rempli, eussent vermillonné ces joues déjà légèrement creusées; si l'amour eût ranimé ces yeux tristes, Victorine aurait pu lutter avec les plus belles jeunes filles. Il lui manquait ce qui crée une seconde fois la femme, les chiffons, et les billets doux. Son histoire eût fourni le sujet d'un livre. Son père croyait avoir des raisons pour ne pas la reconnaître, refusait de la garder près de lui, ne lui accordait que six cents francs par an, et avait dénaturé sa fortune, afin de pouvoir la transmettre en entier à son fils. Parente éloignée de la mère de Victorine, qui jadis était venue mourir de désespoir chez elle, madame Couture prenait soin de l'orpheline comme de son enfant. Malheureusement la veuve du Commissaire-Ordonnateur des armées de la République ne possédait rien au monde que son douaire et sa pension; elle pouvait laisser un jour cette pauvre fille, sans expérience et sans ressources, à la merci du monde. La bonne femme menait Victorine à la messe tous les dimanches, à la confesse tous les quinze jours, afin d'en faire à tout hasard une fille pieuse. Elle avait raison. Les sentiments religieux offraient un avenir à cet enfant désavoué, qui aimait son père, qui tous les ans s'acheminait chez lui y apporter le pardon de sa mère; mais qui, tous les ans, se cognait contre la porte de la maison paternelle, inexorablement fermée. Son frère, son unique médiateur, n'était pas venu la voir une seule fois en quatre ans, et ne lui envoyait aucun secours. Elle suppliait Dieu de dessiller les yeux de son père, d'attendrir le cœur de son frère, et priait pour eux sans les accuser. Madame Couture et madame Vauquer ne trouvaient pas assez de mots dans le dictionnaire des injures pour qualifier cette conduite barbare. Quand elles maudissaient ce millionnaire infâme, Victorine faisait entendre de douces paroles, semblables au chant du ramier blessé, dont le cri de douleur exprime encore l'amour.

Eugène de Rastignac avait un visage tout méridional, le teint blanc, des cheveux noirs, des yeux bleus. Sa tournure, ses manières, sa pose habituelle dénotaient le fils d'une famille noble, où l'éducation première n'avait comporté des traditions de bon goût. S'il était ménager de ses habits, si les jours ordinaires il achevait d'user les vêtements de l'an passé, néanmoins il pouvait sortir quelquefois mis comme l'est un jeune homme élégant.Ordinairement il portait une vieille redingote, un mauvais gilet, la méchante cravate noire, flétrie, mal nouée de l'Etudiant, un pantalon à l'avenant et des bottes ressemelées.

Entre ces deux personnages et les autres, Vautrin, l'homme de quarante ans, à favoris peints, servait de transition. Il était un de ces gens dont le peuple dit: Voilà un fameux gaillard! Il avait les épaules larges, le buste bien développé, les muscles apparents, des mains épaisses, carrées et fortement marquées aux phalanges par des bouquets de poils touffus et d'un roux ardent. Sa figure, ravée par des rides prématurées, offrait des signes de dureté que démentaient ses manières souples et liantes. Sa voix de basse-taille, en harmonie avec sa grosse gaieté, ne déplaisait point. Il était obligeant et rieur. Si quelque serrure allait mal, il l'avait bientôt démontée, rafistolée, huilée, limée, remontée, en disant: Ça me connaît. Il connaissait tout d'ailleurs, les vaisseaux, la mer, la France, l'étranger, les affaires, les hommes, les événements, les lois, les hôtels et les prisons. Si quelqu'un se plaignait par trop, il lui offrait aussitôt ses services. Il avait prêté plusieurs fois de l'argent à madame Vauquer et à quelques pensionnaires; mais ses obligés seraient morts plutôt que de ne pas le lui rendre, tant, malgré son air bonhomme, il imprimait de crainte par un certain regard profond et plein de résolution. A la manière dont il lançait un jet de salive, il annonçait un sang-froid imperturbable qui ne devait pas le faire reculer devant un crime pour sortir d'une position équivoque. Comme un juge sévère, son œil semblait aller au fond de toutes les questions, de toutes les consciences, de tous les sentiments. Ses mœurs consistaient à sortir après le déjeuner, à revenir pour dîner, à décamper pour toute la soirée, et à rentrer vers minuit, à l'aide d'un passe-partout que lui avait confié madame Vauquer. Lui seul jouissait de cette faveur. Mais aussi était-il au mieux avec la veuve, qu'il appelait maman en la saisissant par la taille, flatterie peu comprise! La bonne femme croyait la chose encore facile, tandis que Vautrin seul avait les bras assez longs pour presser cette pesante circonférence. Un trait de son caractère était de payer généreusement quinze francs par mois pour le *gloria* qu'il prenait au dessert. Des gens moins superficiels que ne l'étaient ces jeunes gens emportés par les tourbillons de la vie parisienne, ou ces vieillards indifférents à ce qui ne les touchait pas directement, ne se seraient pas arrêtés à l'impression douteuse que leur causait Vautrin. Il savait ou devinait les affaires de ceux qui l'entouraient, tandis que nul ne pouvait pénétrer ni ses pensées ni ses occupations. Quoiqu'il n'eût jeté son apparente bonhomie, sa constante complaisance et sa gaieté comme une barrière entre les autres et lui, souvent il laissait percer l'épouvantable profondeur de son caractère. Souvent une boutade digne de Juvénal, et par laquelle il semblait se complaire à bafouer les lois, à fouetter la haute société, à la convaincre d'inconséquence avec elle-même, devait faire supposer qu'il gardait rancune à l'état social, et qu'il y avait au fond de sa vie un mystère soigneusement enfoui.

Vocabulaire

2 **un habitué** — personne qui fréquente régulièrement (habituellement) un restaurant ou un café; un client fidèle
3 **maladif, ve** — qui est de constitution fragile; souvent malade
4 **la chlorose** — Bleichsucht
4 **se rattacher** — s'associer; participer
5 **la contenance** — manière de se comporter; attitude
5 **gêné, e** — timide, confus; embarrassé
8 **un arbuste** — petit arbre
9 **fauve** — d'un jaune tirant sur le roux
15 **la toilette** — les vêtements
15 **le fard** — le maquillage (Schminke)
17 **vermillonner** — peindre d'un rouge vif
17 **les chiffons** — ici: les vêtements précieux
20 **les billets doux** — lettres d'amour
23 **dénaturer** — ici: refuser
25 **une orpheline** — enfant qui a perdu son père et sa mère ou l'un d'eux
27 **le douaire** — biens assurés à la femme par le mari en cas de survie
32 **désavoué, e** — nié; refusé
33 **s'acheminer** — se diriger; se rendre; aller
34 **se cogner** — se heurter
35 **inexorablement** — sans pitié; impitoyable
35 **un médiateur** — qui sert d'intermédiaire
37 **dessiller les yeux** — ouvrir les yeux
38 **attendrir** — rendre moins dur; rendre plus sensible
42 **le ramier** — gros pigeon sauvage (Ringeltaube)
46 **dénoter** — désigner; indiquer
47 **être ménager** — prendre soin
50 **la redingote** — autrefois: long vêtement d'homme
51 **flétri, e** — qui a perdu sa forme et ses couleurs
52 **à l'avenant** — correspondant; adéquat
52 **ressemeler** — remplacer la semelle (besohlen)
54 **les favoris** (m) — barbe qu'on laisse pousser sur la joue devant chaque oreille
54 **la transition** — passage d'une idée à une autre; qui constitue un intermédiaire
55 **le gaillard** — homme plein de vigueur et d'une gaîté franche et animée
57 **la phalange** — chacun des petits os qui composent les doigts
57 **des bouquets de poils touffus** — Haarbüschel

58 **raver** — creuser
58 **prématuré, e** — qui arrive plus tôt que prévu
59 **liant, e** — doux; flexible; sociable
60 **gros, se** — ici: peu subtil; grossier
61 **obligeant, e** — qui aime faire plaisir en rendant service; aimable
61 **être rieur** — aimer rire
62 **rafistoler** — réparer grossièrement
62 **limer** — ici: corriger, perfectionner à l'aide d'une lime
62 **ça me connaît** — je m'y connais
67 **un obligé** — personne qui doit (de l'argent) à qqn
69 **lancer un jet de salive** — cracher (Speichel ausspeien)
71 **équivoque** — incertain
74 **décamper** — s'en aller
80 **la pesante circonférence** — c'est Mme Vauquer qui est assez corpulente
81 **le gloria** — une tasse de café noir avec sucre et cognac
83 **le tourbillon** — mouvement tournant, rapide et irrésistible
87 **ses occupations** — ses affaires
88 **la bonhomie** — bonté de cœur
88 **la complaisance** — amabilité; bonne humeur; contentement
90 **la boutade** — mot pour rire; trait d'esprit
90 **Juvénal** — poète latin
91 **bafouer** — traiter avec un certain mépris; tourner en ridicule
91 **fouetter** — ici: exciter
92 **convaincre** — ici: amener à reconnaître la vérité d'une proposition ou d'un fait (überführen)
94 **enfouir** — dissimuler; cacher; tenir secret

Analyse du texte

1. Caractérisez les 3 personnages dont Balzac nous fait un portrait détaillé.
2. Quels sont les aspects toujours considérés au cours de la description d'un personnage?
3. Quelle est la particularité de Vautrin?
4. Pourquoi Balzac fait-il un portrait de chaque pensionnaire? — Pensez au lecteur.
5. Précisez et définissez le point de vue (la perspective) du narrateur.
6. Comparez les 3 textes ci-dessous en analysant les différentes perspectives narratives. — Indiquez les critères grâce auxquels on peut dégager leurs particularités?

3 différentes perspectives narratives

a. Henri Durant, un des plus célèbres critiques de cette époque, a participé à ce grandiose spectacle — pour la première représentation, il n'y avait que des gens distingués — et, déjà ce jour-là, il était sûr que cette mise en scène allait faire sensation; — mais on en parlera encore plus tard.

b. Le rideau baissé, je me mis à applaudir, — je ne pouvais pas me maîtriser. — Je me levais brusquement, pris mes fleurs dans la main gauche: Pardon ...

merci — excusez moi ... merci — puis-je passer ... merci ... et je me trouvais près de la scène. Le rideau se releva, je sautai sur la scène et tendis mes roses au protagoniste.

c. Quelle joie! comme elle est belle! — le rideau se releva — je la regardais, elle avait les larmes aux yeux; ,... l'inviter, mais est-elle seule? ... quelle beauté! je sentais brûler mon cœur. ... Bonsoir, Monsieur Durant ..., non, elle ne me connaît pas, — puis-je l'inviter? ... je vais l'inviter ... non. Ah, elle me regarde — quel beau regard!

7. Cherchez des prépositions ou des formules pour qualifier chaque vision et appliquez-en une à la description de Balzac.

Sujet complémentaire

Quels rapports est-ce que vous voyez entre le portrait de la pension Vauquer et celui de ses pensionnaires?

Exercice de vocabulaire: centres d'intérêt:

le physique — les mouvements

Texte 3:

Le portrait du père Goriot au moment de sa retraite chez Madame Vauquer

(pp. 24—27)

Le père Goriot, vieillard de soixante-neuf ans environ, s'était retiré chez madame Vauquer, en 1813, après avoir quitté les affaires. Il y avait d'abord pris l'appartement occupé par madame Couture, et donnait alors douze cents francs de pension, en homme pour qui cinq louis de plus ou de moins étaient une bagatelle. Madame Vauquer avait rafraîchi les trois chambres de cet appartement moyennant une indemnité préalable qui paya, dit-on, la valeur d'un méchant ameublement composé de rideaux en calicot jaune, de fauteuils en bois verni couverts en velours d'Utrecht, de quelques peintures à la colle, et de papiers que refusaient les cabarets de la banlieue. Peut-être l'insouciante générosité que mit à se laisser attraper le père Goriot, qui vers cette époque était respectueusement nommé monsieur Goriot, le fit-elle considérer comme un imbécile qui ne connaissait rien aux affaires. Goriot vit muni d'une garde-robe bien fournie, le trousseau magnifique du négociant qui ne se refuse rien en se retirant du commerce. Madame Vauquer avait admiré dix-huit chemises de demi-hollande, dont la finesse était d'autant plus remarquable que le vermicellier portait sur son jabot dormant deux épingles unies par une chaînette, et dont chacune était montée d'un gros diamant. Habituellement vêtu d'un habit bleu-barbeau, il prenait chaque jour un gilet de piqué blanc, sous lequel fluctuait son ventre piriforme et proéminent, qui faisait rebondir une lourde chaîne d'or garnie de breloques. Sa tabatière, également en or, contenait un médaillon plein de cheveux qui le rendaient en apparence coupable de quelques bonnes fortunes. Lorsque son hôtesse l'accusa d'être un *galantin,* il laissa errer sur ses lèvres le gai sourire du bourgeois dont on a flatté le dada. Ses *ormoires* (il prononçait ce mot à la manière du menu peuple) furent remplies par la nombreuse argenterie de son ménage. Les yeux de la veuve s'allumèrent quand elle l'aida complaisamment à déballer et ranger les louches, les cuillers à ragoût, les couverts, les huiliers, les saucières, plusieurs plats, des déjeuners en vermeil, enfin des pièces plus ou moins belles, pesant un certain nombre de marcs, et dont il ne voulait pas se défaire. Ces cadeaux lui rappelaient les solennités de sa vie domestique. «Ceci, dit-il à madame Vauquer en serrant un plat et une petite écuelle dont le couvercle représentait deux tourterelles qui se becquetaient, est le premier présent que m'a fait ma femme, le jour de notre anniversaire. Pauvre bonne! elle y avait consacré ses économies de demoiselle. Voyez-vous, madame? j'aimerais mieux gratter la terre avec mes ongles que de me séparer de cela. Dieu merci! je pourrai prendre dans cette écuelle mon café tous les matins durant le reste de mes jours. Je ne suis pas à plaindre, j'ai sur la planche du pain de cuit pour longtemps» Enfin, madame Vauquer avait bien vu, de son œil de pie, quelques inscriptions sur le grand-livre qui, vaguement additionnées, pouvaient faire à cet excellent Goriot un revenu d'environ huit à dix mille francs. Dès ce jour, madame Vauquer, née de Conflans, qui avait alors quarante-huit ans effectifs et n'en acceptait que trente-neuf, eut des idées. Quoique le larmier des yeux de Goriot fût retourné, gonflé, pendant, ce qui l'obligeait à les essuyer assez fréquemment, elle lui trouva l'air agréable et comme il faut. D'ailleurs son mollet charnu, saillant, pronostiquait, autant que son long nez carré des qualités morales auxquelles paraissait tenir la veuve, et que confirmait la face lunaire et naïvement niaise du bonhomme. Ce devait être une bête solidement bâtie, capable de dépenser tout son esprit en sentiment. Ses cheveux en ailes de pigeon, que le coiffeur de l'école Polytechnique vint lui poudrer tous les matins, dessinaient cinq pointes sur son front bas, et décoraient bien sa figure. Quoique un peu rustaud, il était si bien tiré à quatre épingles, il prenait si richement son tabac, il le humait en homme si sûr de toujours avoir sa tabatière pleine de macouba, que le jour où monsieur Goriot s'installa chez elle, madame Vauquer se coucha le soir en rôtissant, comme une perdrix dans sa barde, au feu du désir qui la saisit de quitter le suaire du Vauquer pour renaître en Goriot. Se marier, vendre sa pension, donner le bras à cette fine fleur de bourgeoisie, devenir une dame notable dans le quartier, y quêter pour les indigents, faire de petites parties le dimanche à Choisy, Sossy, Gentilly; aller au spectacle à sa guise, en loge, sans attendre les billets d'auteur que lui donnaient quelques-uns de ses pensionnaires, au mois de juillet; elle rêva tout l'Eldorado des petits ménages parisiens. Elle n'avait avoué à personne qu'elle possédait quarante mille francs amassés sou à sou. Certes elle se croyait, sous le rapport de la fortune, un parti sortable. «Quant au reste, je vaux bien le bonhomme!» se dit-elle en se retournant dans son lit, comme pour s'attester à elle-même des charmes que la grosse Sylvie trouvait chaque matin moulés en creux. Dès ce jour, pendant environ trois mois, la veuve Vauquer profita du coiffeur de monsieur Goriot, et fit quelques frais de toilette, excusés par la nécessité de donner à sa maison un certain décorum en harmonie avec les personnes honorables qui la fréquentaient. Elle s'intrigua beaucoup pour changer le personnel de ses pensionnaires, en affichant la prétention de n'accepter désormais que les gens les plus distingués sous tous les rapports. Un étranger se présentait-il, elle lui vantait la préférence que monsieur Goriot, un des négociants les plus notables et les plus respectables de Paris, lui avait accordée. Elle distribua des prospectus en tête desquels se lisait: MAISON VAUQUER. «C'était, disait-elle, une des plus anciennes et des plus estimées pensions bourgeoises du pays latin. Il y existait une vue des plus agréables sur la vallée des Gobelins (on l'apercevait du troisième étage), et un joli jardin, au bout duquel S'ETENDAIT une ALLEE de tilleuls.»

Vocabulaire

6 **moyennant** — par le moyen de; à la condition de; grâce à
6 **une indemnité préalable** — compensation, versement qui doit être fait à l'avance
7 **méchant, e** — ici: mauvais; très médiocre
8 **le calicot** — tissu de coton à bon marché (Kaliko, Kattun)
9 **la peinture à la colle** — Leimfarbendruck
13 **muni, e** — équipé
14 **fourni, e** — respectable
14 **le trousseau** — ici: vêtements
15 **les chemises de demi-hollande** — chemises en fine toile de Hollande
17 **le jabot dormant** — feststehende (steife) Brustkrause
19 **bleu-barbeau** — nom vulgaire du bluet (kornblumenblau)

20 **le piqué** — ici: coton
20 **fluctuer** — remuer; bouger
20 **piriforme** — en forme de poire
20 **proéminent, e** — qui dépasse de ce qui l'entoure
21 **rebondir** — ici: bouger
21 **la breloque** — petit bijou attaché à un collier ou à un bracelet
24 **le galantin** — Schwerenöter
25 **le dada** — marotte; passion; p. ex. collectionner des timbres peut être un dada
25 **une ormoire** — armoire
28 **complaisamment** — volontiers
28 **déballer** — sortir (d'une armoire)
28 **la louche** — grande cuiller à long manche qui sert à servir la soupe
29 **des déjeuners en vermeil** — tasse et soucoupe assorties en argent doré
31 **se défaire** — se débarrasser; se séparer
33 **une écuelle** — sorte d'assiette large et creuse
34 **la tourterelle** — oiseau voisin du pigeon, mais plus petit
34 **se becqueter** — se caresser avec le bec (ce que font les oiseaux)
39 **avoir sur la planche du pain cuit** — avoir assez d'argent
41 **la pie** — oiseau à plumage noir et blanc à longue queue
45 **le larmier** — angle de l'œil le plus rapproché du nez
47 **le mollet** — partie à la face postérieure de la jambe
47 **charnu, e** — bien fourni de muscles, de chair
48 **saillant, e** — proéminent; remarquable
49 **la face lunaire** — face ronde qui ressemble à la lune
50 **niais, e** — simple (einfältig)
50 **la bête** — ici: une personne qui manque d'intelligence
54 **rustaud, e** — qui a des manières maladroites
54 **être tiré à quatre épingles** — être vêtu avec un soin méticuleux
55 **humer** — respirer; inhaler
56 **la macouba** — sorte de tabac; les plantations de ‹La Macouba‹ dans les îles de Martinique étaient fameuses pour ses tabacs
58 **rôtir** — brûler
58 **la perdrix** — Rebhuhn
58 **la barde** — tranche de lard dont on entoure la viande à rôtir
59 **le suaire** — linceul; draps mortuaire (Leichentuch)
61 **quêter** — faire la quête; demander des aumônes, des dons
63 **à sa guise** — selon son goût
67 **sortable** — qui convient bien; acceptable en société
70 **moulé en creux** — reproduit dans le lit sous la forme concave
72 **les frais** — les dépenses
75 **la prétention** — privilège que l'on réclame

Analyse tu texte

1. Faites un portrait de Goriot au moment de sa retraite chez Madame Vauquer.
2. Citez des exemples qui prouvent la richesse du père Goriot.
3. Par quels moyens stylistiques Balzac présente-t-il cette richesse de l'ancien négociant?

4. Relevez que sa fortune s'exprime dans sa physionomie.
5. Quel effet est-ce que l'arrivée de Goriot produit sur Madame Vauquer?

Sujet complémentaire

Prouvez par des exemples que le portrait de Goriot suit les mêmes aspects que vous avez élaborés dans le dernier texte pour les trois pensionnaires.

Exercice de vocabulaire: centres d'intérêt:

les vêtements — les oiseaux

Texte 4

La déchéance du père Goriot

(pp. 35—38)

Vers la fin de la troisième année, le père Goriot réduisit encore ses dépenses, en montant au troisième étage et en se mettant à quarante-cinq francs de pension par mois. Il se passa de tabac, congédia son perruquier et ne mit plus de poudre. Quand le père Goriot parut pour la première fois sans être poudré, son hôtesse laissa échapper une exclamation de surprise en apercevant la couleur de ses cheveux, ils étaient d'un gris sale et verdâtre. Sa physionomie, que des chagrins secrets avaient insensiblement rendue plus triste de jour en jour, semblait la plus désolée de toutes celles qui garnissaient la table. Il n'y eut alors plus aucun doute. Le père Goriot était un vieux libertin dont les yeux n'avaient été préservés de la maligne influence des remèdes nécessités par ses maladies que par l'habileté d'un médecin. La couleur dégoûtante de ses cheveux provenait de ses excès et des drogues qu'il avait prises pour les continuer. L'état physique et moral du bonhomme donnait raison à ces radotages. Quand son trousseau fut usé, il acheta du calicot à quatorze sous l'aune pour remplacer son beau linge. Ses diamants, sa tabatière d'or, sa chaîne, ses bijoux, disparurent un à un. Il avait quitté l'habit bleu-barbeau, tout son costume cossu, pour porter, été comme hiver, une redingote de drap marron grossier, un gilet en poil de chèvre, et un pantalon gris en cuir de laine. Il devint progressivement maigre; ses mollets tombèrent; sa figure, bouffie par le contentement d'un bonheur bourgeois, se rida démesurément; son front se plissa, sa mâchoire se dessina. Durant la quatrième année de son établissement rue Neuve-Sainte-Geneviève, il ne se ressemblait plus. Le bon vermicellier de soixante-deux ans qui ne paraissait pas en avoir quarante, le bourgeois gros et gras, frais de bêtise, dont la tenue égrillarde réjouissait les passants, qui avait quelque chose de jeune dans le sourire, semblait être un septuagénaire hébété, vacillant, blafard. Ses yeux bleus si vivaces prirent des teintes ternes et gris-de-fer, ils avaient pâli, ne larmoyaient plus, et leur bordure rouge semblait pleurer de sang. Aux uns, il faisait horreur; aux autres, il faisait pitié. De jeunes étudiants en Médecine, ayant remarqué l'abaissement de sa lèvre inférieure et mesuré le sommet de son angle facial, le déclarèrent atteint de crétinisme, après l'avoir long-temps houspillé sans en rien tirer. Un soir, après le dîner, madame Vauquer lui ayant dit en manière de raillerie: «Eh! bien, elles ne viennent donc plus vous voir, vos filles?» en mettant en doute sa paternité, le père Goriot tressaillit comme si son hôtesse l'eût piqué avec un fer.

— Elles viennent quelquefois, répondit-il d'une voix émue.

— Ah! ah! vous les voyez encore quelquefois! s'écrièrent les étudiants. Bravo, père Goriot!

Mais le vieillard n'entendit pas les plaisanteries que sa réponse lui attirait, il était retombé dans un état méditatif que ceux qui l'observaient superficiellement prenaient pour un engourdissement sénile dû à son défaut d'intelligence. S'ils l'avaient bien connu, peut-être auraient-ils été vivement intéressés par le problème que présentait sa situation physique et morale; mais rien n'était plus difficile. Quoiqu'il fût aisé de savoir si Goriot avait réellement été vermicellier, et quel était le chiffre de sa fortune, les vieilles gens dont la curiosité s'éveilla sur son compte ne sortaient pas du quartier et vivaient dans la pension comme des huîtres sur un rocher. Quant aux autres personnes, l'entraînement particulier de la vie parisienne leur faisait oublier, en sortant de la rue Neuve-Sainte-Geneviève, le pauvre vieillard dont ils se moquaient. Pour ces esprits étroits, comme pour ces jeunes gens insouciants, la sèche misère du père Goriot et sa stupide attitude étaient incompatibles avec une fortune et une capacité quelconques. Quant aux femmes qu'il nommait ses filles, chacun partageait l'opinion de madame Vauquer, qui disait, avec la logique sévère que l'habitude de tout supposer donne aux vieilles femmes occupées à bavarder pendant leurs soirées: «Si le père Goriot avait des filles aussi riches que paraissaient l'être toutes les dames qui sont venues le voir, il ne serait pas dans ma maison, au troisième, à quarante-cinq francs par mois, et n'irait pas vêtu comme un pauvre.» Rien ne pouvait démentir ces inductions. Aussi, vers la fin du mois de novembre 1819, époque à laquelle éclata ce drame, chacun dans la pension avait-il des idées bien arrêtées sur le pauvre vieillard.

Vocabulaire

3 **se passer de** — s'abstenir; vivre sans
3 **congédier** — renvoyer; licencier
7 **verdâtre** — qui tire sur le vert
10 **le libertin** — qui est déréglé dans ses mœurs, dans sa conduite; qui s'adonne aux plaisirs charnels
14 **le radotage** — discours ennuyeux
15 **une aune** — mesure (Elle)
18 **cossu, e** — riche
19 **un pantalon gris en cuir de laine** — c.-à-d.: un pantalon gris de laine
21 **bouffi, e** — gonflé; enflé
22 **se plisser** — prendre des plis; se rider
22 **la mâchoire** — chacune des deux parties de la bouche où sont implantées les dents
25 **frais, fraîche** — ici: toujours prêt à
25 **la tenue égrillarde** — les manières d'une gaîté un peu trop libre
27 **hébété, e** — rendu stupide
27 **blafard, e** — d'une teinte pâle et sans éclat (terne)
28 **terne** — qui manque de vivacité, d'éclat
32 **le crétinisme** — faiblesse mentale et physique; idiotie
33 **houspiller** — ici: interroger et examiner
34 **la raillerie** — plaisanterie moqueuse; moquerie
36 **tressaillir** — sursauter
43 **un engourdissement** — léthargie; paralysie momentanée d'une partie du corps
50 **un entraînement** — élan qui pousse qqn à agir
62 **une induction** — conclusion; généralisation

Analyse du texte

1. Faites un autre portrait de Goriot en ne considérant que cet extrait.
2. Qu'est-ce qui a changé chez Goriot?
3. Comment Balzac traduit-il de façon concrète l'appauvrissement du négociant?
4. Structurez ce texte: Trouvez des unités contextuelles.
5. Comment l'auteur progresse-t-il dans sa description? — Prenez la structuration que vous venez d'établir comme point de départ et abstrayez le resultat.
6. Donnez des exemples pour la détermination réciproque du ‹milieu› et du «personnage».
7. Pourquoi est-ce que Balzac ne révèle pas encore les causes de l'appauvrissement de Goriot?
8. Qu'est-ce que le lecteur ressent en apprenant la déchéance de cet homme?

Sujets complémentaires

1. Pourquoi Goriot est-il présenté le dernier?

2. Indiquez les différences entre les portraits des 3 pensionnaires: Victorine Taillefer, Eugène de Rastignac, Vautrin d'une part et celui de Goriot d'autre part.
3. Dans quelle mesure et par quels signes l'extrait permet-il de deviner un drame de l'amour paternel?

Exercice de vocabulaire: centres d'intérêt:

le sentiment – la maladie

Texte 5:

Contenu du roman

(informations indispensables à la compréhension de l'extrait suivant):

Le père Goriot, ancien fabricant de vermicelle, loge à la pension Vauquer après avoir marié ses deux filles, l'une au baron de Nucingen, riche banquier, l'autre au comte de Restaud, représentant de la vieille noblesse. Mais celles-ci, prises dans le tourbillon de la vie mondaine, le négligent, le renient, ne se souvenant de son existence que pour venir lui demander de l'argent; et le malheureux se prive de tout pour pouvoir satisfaire leurs caprices. Même le fait que leur père est mourant ne les empêchent pas d'aller au bal. Goriot qui met ses filles au rang des anges, se soucie encore de leurs plaisirs: «Se sont-elles bien amusées?» demande-t-il à Rastignac qui le soigne. Il a toujours des mots sublimes et déchirants: «Cette bonne Delphine, si je meurs, quel chagrin je lui causerai! Nasie aussi.» Mais tandis que la mort approche, un désir obsédant l'envahit: Les revoir une dernière fois. Désir ou plutôt crainte qu'il essaie en vain de chasser: il les connaît trop bien, en dépit de lui-même, il sent qu'elles ne viendront pas. Lorsque Mme Restaud vient au chevet de son père, il est trop tard: le malheureux est dans le coma. Il meurt donc sans avoir revu ses filles, et celles-ci n'assistent même pas aux obsèques.

L'agonie du père Goriot

(pp. 315—320)

Mes filles, mes filles, Anastasie, Delphine! je veux les voir. Envoyez-les chercher par la gendarmerie, de force! la justice est pour moi, tout est pour moi, la nature, le code civil. Je proteste. La patrie périra si les pères sont foulés aux pieds. Cela est clair. La société, le monde roulent sur la paternité, tout croule si les enfants n'aiment pas leurs pères. Oh! les voir, les entendre, n'importe ce qu'elles diront, pourvu que j'entende leur voix, ça calmera mes douleurs, Delphine surtout. Mais dites-leur, quand elles seront là, de ne pas me regarder froidement comme elles font. Ah! mon bon ami, monsieur Eugène, vous ne savez pas ce que c'est que de trouver l'or du regard changé tout à coup en plomb gris. Depuis le jour où leurs yeux n'ont plus rayonné sur moi, j'ai toujours été en hiver ici; je n'ai plus eu que des chagrins à dévorer, et je les ai dévorés! J'ai vécu pour être humilié, insulté. Je les aime tant, que j'avalais tous les affronts par lesquels elles me vendaient une pauvre petite jouissance honteuse. Un père se cacher pour voir ses filles! Je leur ai donné ma vie, elles ne me donneront pas une heure aujourd'hui! j'ai soif, j'ai faim, le cœur me brûle, elles ne viendront pas rafraîchir mon agonie, car je meurs, je le sens. Mais elles ne savent donc pas ce que c'est que de marcher sur le cadavre de son père! Il y a un Dieu dans les cieux, il nous venge malgré nous, nous autres pères. Oh! elles viendront! Venez, mes chéries, venez encore me baiser, un dernier baiser, le viatique de votre père, qui priera Dieu pour vous, qui lui dira que vous avez été de bonnes filles, qui plaidera pour vous! Après tout, vous êtes innocentes. Elles sont innocentes, mon ami! Dites-le bien à tout le monde, qu'on ne les inquiète pas à mon sujet. Tout est de ma faute, je les ai habituées à me fouler aux pieds. J'aimais cela, moi. Ça ne regarde personne, ni la justice humaine, ni la justice divine. Dieu serait injuste s'il les condamnait à cause de moi. Je n'ai pas su me conduire, j'ai fait la bêtise d'abdiquer mes droits. Je me serais avili pour elles! Que voulez-vous! le plus beau naturel, les meilleurs âmes auraient succombé à la corruption de cette facilité paternelle. Je suis un misérable, je suis justement puni. Moi seul ai causé les désordres de mes filles, je les ai gâtées. Elles veulent aujourd'hui le plaisir, comme elles voulaient autrefois du bonbon. Je leur ai toujours permis de satisfaire leurs fantaisies de jeunes filles. A quinze ans, elles avaient voiture! Rien ne leur a résisté. Moi seul suis coupable, mais coupable par amour. Leur voix m'ouvrait le cœur.

Je les entends, elles viennent. Oh! oui, elles viendront. La loi veut qu'on vienne voir mourir son père, la loi est pour moi. Puis ça ne coûtera qu'une course. Je la payerai. Ecrivez-leur que j'ai des millions à leur laisser! Parole d'honneur. J'irai faire des pâtes d'Italie à Odessa. Je connais la manière. Il y a, dans mon projet, des millions à gagner. Personne n'y a pensé. Ça ne se gâtera point dans le transport, comme le blé ou comme la farine. Eh! eh! l'amidon, il y aura là des millions! Vous ne mentirez pas, dites-leur des millions, et quand même elles viendraient par avarice, j'aime mieux être trompé, je les verrai. Je veux mes filles! je les ai faites, elles sont à moi! dit-il en se dressant sur son séant, en montrant à Eugène une tête dont les cheveux blancs étaient épars et qui menaçait par tout ce qui pouvait exprimer la menace.

— Allons, lui dit Eugène, recouchez-vous, mon père Goriot, je vais leur écrire. Aussitôt que Bianchon sera de retour, j'irai, si elles ne viennent pas.

– Si elles ne viennent pas? répéta le vieillard en sanglotant. Mais je serai mort, mort dans un accès de rage! La rage me gagne! En ce moment, je vois ma vie entière. Je suis dupe! elles ne m'aiment pas, elles ne m'ont jamais aimé! cela est clair. Si elles ne sont pas venues, elles ne viendront pas. Plus elles auront tardé, moins elles se décideront à me faire cette joie. Je les connais. Elles n'ont jamais su deviner de mes chagrins, de mes douleurs, de mes besoins, elles ne devineront pas plus ma mort; elles ne sont seulement pas dans le secret de ma tendresse. Oui, je les vois, pour elles, l'habitude de m'ouvrir les entrailles a ôté du prix à tout ce que je faisais. Elles auraient demandé à me crever les yeux, je leur aurais dit: «Crevez-les!» Je suis trop bête. Elles croient que tous les pères sont comme le leur. Il faut toujours se faire valoir. Leurs enfants me vengeront. Mais c'est dans leur intérêt de venir ici. Prévenez-les donc qu'elles compromettent leur agonie. Elles commettent tous les crimes en un seul ... Mais allez donc, dites-leur donc que ne pas venir c'est un parricide! Elles en ont assez commis sans ajouter celui-là. Criez donc comme moi: «Hé, Nasie! hé, Delphine! venez à votre père, qui a été si bon pour vous et qui souffre!» Rien, personne! Mourrai-je donc comme un chien! Voilà ma récompense, l'abandon. Ce sont des infâmes, des scélérates; je les abomine, je les maudis; je me relèverai, la nuit, de mon cercueil pour les remaudire, car, enfin, mes amis, ai-je tort? elles se conduisent bien mal, hein! ... Qu'est-ce que je dis? Ne m'avez-vous pas averti que Delphine est là? C'est la meilleure des deux ... Vous êtes mon fils, Eugène, vous! aimez-la soyez un père pour elle. L'autre est bien malheureuse. Et leurs fortunes! Ah! mon Dieu! J'expire, je souffre un peu trop! Coupez-moi la tête, laissez-moi seulement le cœur.

– Christophe, allez chercher Bianchon, s'écria Eugène, épouvanté du caractère que prenaient les plaintes et les cris du vieillard, et ramenez-moi un cabriolet. – Je vais aller chercher vos filles, mon bon père Goriot, je vous les ramènerai.

– De force! de force! Demandez la garde, la ligne, tout! tout! dit-il en jetant à Eugène un dernier regard où brilla la raison. Dites au gouvernement, au procureur du roi, qu'on me les amène, je le veux!

– Mais vous les avez maudites.

– Qui est-ce qui a dit cela? répondit le vieillard stupéfait. Vous savez bien que je les aime, je les adore! Je suis guéri si je les vois ... Allez, mon bon voisin, mon cher enfant, allez! vous êtes bon, vous; je voudrais vous remercier, mais je n'ai rien à vous donner que les bénédictions d'un mourant! ... A boire! les entrailles me brûlent! Mettez-moi quelque chose sur la tête. La main de mes filles, ça me sauverait, je le sens ... Mon Dieu! qui refera leurs fortunes, si je m'en vais? Je veux aller à Odessa pour elles, à Odessa, y faire des pâtes.

– Buvez ceci, dit Eugène en soulevant le moribond et le prenant dans son bras gauche, tandis que de la main droite il tenait une tasse pleine de tisane.

– Vous devez aimer votre père et votre mère, vous! dit le vieillard en serrant de ses mains défaillantes la main d'Eugène. Comprenez-vous que je vais mourir sans les voir, mes filles? Avoir soif toujours, et ne jamais boire, voilà comment j'ai vécu depuis dix ans . . . Mes deux gendres ont tué mes filles. Oui, je n'ai plus eu de filles après qu'elles ont été mariées. Pères, dites aux Chambres de faire loi sur le mariage! Enfin, ne mariez pas vos filles, si vous les aimez . . . C'est épouvantable, ceci! Vengeance! Ce sont mes gendres qui les empêchent de venir . . . Tuez-les! . . . A mort le Restaud, à mort l'Alsacien, ils sont mes assassins! . . . La mort ou mes filles! . . . Ah! c'est fini, je meurs sans elles! . . . Elles! . . . Nasie! Fifine, allons, venez donc! Votre papa sort . . .

– Mon bon père Goriot, calmez-vous, voyons, restez tranquille, ne vous agitez pas, ne pensez pas.

– Ne pas les voir, voilà l'agonie! – Vous allez les voir.

– Vrai! cria le vieillard égaré. Oh! les voir! je vais les voir, entendre leur voix. Je mourrai heureux. Eh bien, oui, je ne demande plus à vivre, je n'y tenais plus, mes peines allaient croissant. Mais les voir, toucher leurs robes, ah! rien que leurs robes, c'est bien peu; mais que je sente quelque chose d'elles! Faites-moi prendre les cheveux . . . veux . . .

Il tomba la tête sur l'oreiller comme s'il recevait un coup de massue. Ses mains s'agitèrent sur la couverture comme pour prendre les cheveux de ses filles. – Je les bénis, dit-il en faisant un effort . . . bénis . . .

Vocabulaire

3 **le code** — ensemble des lois
4 **fouler aux pieds** — traiter avec le plus grand mépris
5 **crouler** — être détruit; tomber en ruine
12 **dévorer** — consumer
21 **le viatique** — sacrament reçu par un mourant; communion
28 **abdiquer** — renoncer à; abandonner; céder
29 **s'avilir** — se dégrader; se déshonnorer; s'humilier
30 **succomber** — fléchir; être vaincu; ne pas résister à
40 . . . **Odessa** — lorsqu'il était vermicellier Goriot faisait venir d'Odessa des blés d'Ukraine
43 **l'amidon** — produit qui sert à donner une meilleure tenue aux vêtements (Stärke)
46 **se dresser sur son séant** — s'asseoir brusquement
47 **épars, e** — en désordre
50 **Bianchon** — étudiant en médecine, logé à la pension Vauquer, qui soigne le père Goriot
51 **sangloter** — pleurer avec des mouvements de respiration brusques et bruyants

53 **dupe** (adj) — trompé
59 **l'habitude de m'ouvrir les entrailles a ôté du prix à tout ce que je faisais** — l'habitude qu'avaient ses filles de l'exploiter, de lui manquer de respect a fait perdre toute valeur à ce qu'il entreprenait
60 **crever** — percer
64 **compromettre** — ici: rendre dur, plus difficile; exposer à des difficultés
65 **le parricide** — meurtre du père
67 **Nasie** — diminutif d'Anastasie
69 **scélérat, e** — criminel; perfide
70 **abominer** — détester; renoncer
70 **maudire** — prononcer une malédiction contre qqn ou qqch (verfluchen)
75 **expirer** — mourir; cesser d'être, de vivre
77 **Christophe** — le domestique de la pension
77 **épouvanter** — inquiéter; effrayer
81 **la garde** — ici: la police
81 **la ligne** — militaire
84 **le procureur** — représentant (du roi) devant le tribunal (Staatsanwalt)
86 **stupéfait** — immobilisé par la surprise; étonné au point de ne pouvoir agir ou réagir
90 **les entrailles** (f) — ensemble des organes internes
94 **le moribond** — qui est près de mourir; agonisant; mourant
95 **la tisane** — thé servant de boisson au malade
97 **défaillant, e** — qui perd ses forces physiques; qui s'affaiblit
104 **l'Alsacien** — le banquier Nucingen
106 **Fifine** — Delphine
110 **égaré, e** — qui est comme un fou; qui a perdu le bon sens
114 **les cheveux** — c.-à-d.: le médaillon contenant des cheveux de ses filles
115 **la massue** — bâton servant d'arme

Analyse du texte

1. Citez des déclarations de Goriot qui dévoilent ses rapports avec ses filles au moment de sa mort.
2. Caractérisez son comportement vis-à-vis de ses filles.
3. Montrez en quoi la composition traduit le délire du père Goriot.
4. Quelle est l'influence de son état physique sur l'expression de son unique passion?
5. Analysez cette passion; montrez la grandeur et la naïveté, les contradictions, les aggressions et les illusions du héros.
6. Commentez la fusion entre le passé, le présent et l'avenir; appréciez en particulier les rêves d'avenir de Goriot.
7. Elaborez la structure dramatique respectivement le développement dramatique de cette scène.
8. Jugez la manière balzacienne de présenter une agonie au lecteur.

Sujets complémentaires

1. Faites un enregistrement de cet extrait.
2. Discutez l'effet que l'agonie évoque chez le lecteur. (l'auditeur)
3. Rappelez-vous les intentions de Balzac –pensez au début du roman – et discutez celles qu'il réalise dans cette scène.
4. Commentez les formules pathétiques suivantes de Goriot (il y en a encore bien d'autres qui valent être traduites):

— l. 35 Moi seul suis coupable, mais coupable par amour.
— l. 45–46: Je veux mes filles! je les ai faites, elles sont à moi!
— l. 76: Coupez-moi la tête, laissez-moi seulement le cœur.
— l. 98–99: Avoir soif toujours, et ne jamais boire, voilà comment j'ai vécu depuis dix ans...

Texte 6:

L'enterrement de Goriot

(pp. 332–336)

Vers neuf heures du soir, le corps fut placé sur un fond sanglé, entre deux chandelles, dans cette chambre nue, et un prêtre vient s'asseoir auprès de lui. Avant de se coucher, Rastignac, ayant demandé des renseignements à l'ecclésiastique sur le prix du service à faire et sur celui des convois, écrivit un mot au baron de Nucingen et au comte de Restaud en les priant d'envoyer leurs gens d'affaires afin de pourvoir à tous les frais de l'enterrement. Il leur dépêcha Christophe, puis il se coucha et s'endormit accablé de fatigue. Le lendemain matin Bianchon et Rastignac furent obligés d'aller déclarer eux-mêmes le décès, qui vers midi fut constaté. Deux heures après aucun des deux gendres n'avait envoyé d'argent, personne ne s'était présenté en leur nom, et Rastignac avait été forcé déjà de payer les frais du prêtre. Sylvie ayant demandé dix francs pour ensevelir le bonhomme et le coudre dans un linceul, Eugène et Bianchon calculèrent que si les parents du mort ne voulaient se mêler de rien, ils auraient à peine de quoi pourvoir aux frais. L'étudiant en médecine se chargea donc de mettre lui-même le cadavre dans une bière de pauvre qu'il fit apporter de son hôpital, où il l'eut à meilleur marché.

– Fais une farce à ces drôles-là, dit-il à Eugène. Va acheter un terrain, pour cinq ans, au Père-La-Chaise, et commande un service de troisième classe à l'église et aux Pompes-Funèbres. Si les gendres et les filles se refusent à te rembourser, tu feras graver sur la tombe: «Ci-gît monsieur Goriot, père de la comtesse de Restaud et de la baronne de Nucingen, enterré aux frais de deux étudiants.»

Eugène ne suivit le conseil de son ami qu'après avoir été infructueusement chez monsieur et madame de Nucingen et chez monsieur et madame de Restaud. Il n'alla pas plus loin que la porte. Chacun des concierges avait des ordres sévères.

— Monsieur et madame, dirent-ils, ne reçoivent personne; leur père est mort, et ils sont plongés dans la plus vive douleur.

Eugène avait assez l'expérience du monde parisien pour savoir qu'il ne devait pas insister. Son cœur se serra étrangement quand il se vit dans l'impossibilité de parvenir jusqu'à Delphine.

«Vendez une parure, lui écrivit-il chez le concierge, *et que votre père soit décemment conduit à sa dernière demeure.»*

Il cacheta ce mot, et pria le concierge du baron de le remettre à Thérèse pour sa maîtresse; mais le concierge le remit au baron de Nucingen qui le jeta dans le feu. Après avoir fait toutes ses dispositions, Eugène revint vers trois heures à la pension bourgeoise, et ne put retenir une larme quand il aperçut à cette porte bâtarde la bière à peine couverte d'un drap noir, posée sur deux chaises dans cette rue déserte. Un mauvais goupillon, auquel personne n'avait encore touché, trempait dans un plat de cuivre argenté plein d'eau bénite. La porte n'était pas même tendue de noir. C'était la mort des pauvres, qui n'a ni faste, ni suivants, ni amis, ni parents. Bianchon, obligé d'être à son hôpital, avait écrit un mot à Rastignac pour lui rendre compte de ce qu'il avait fait avec l'église. L'interne lui mandait qu'une messe était hors de prix, qu'il fallait se contenter du service moins coûteux des vêpres, et qu'il avait envoyé Christophe avec un mot aux Pompes-Funèbres. Au moment où Eugène achevait de lire le griffonnage de Bianchon, il vit entre les mains de madame Vauquer le médaillon à cercle d'or où étaient les cheveux des deux filles.

— Comment avez-vous osé prendre ça? lui dit-il.

— Pardi! fallait-il l'enterrer avec? répondit Sylvie, c'est en or.

— Certes! reprit Eugène avec indignation, qu'il emporte au moins avec lui la seule chose qui puisse représenter ses deux filles.

Quand le corbillard vint, Eugène fit remonter la bière, la décloua, et plaça religieusement sur la poitrine du bonhomme une image qui se rapportait à un temps où Delphine et Anastasie étaient jeunes, vierges et pures, et *ne raisonnaient pas,* comme il l'avait dit dans ses cris d'agonisant. Rastignac et Christophe accompagnèrent seuls, avec deux croque-morts, le char qui menait le pauvre homme à Saint-Etienne-du-Mont, église peu distante de la rue Neuve-Sainte-Geneviève. Arrivé là, le corps fut présenté à une petite chapelle basse et sombre, et autour de laquelle l'étudiant chercha vainement les deux filles du père Goriot ou leurs maris. Il fut seul avec Christophe, qui se croyait obligé de rendre les derniers devoirs à un homme qui lui avait fait gagner quelques bons pourboires. En attendant les deux prêtres, l'enfant de chœur et le bedeau, Rastignac serra la main de Christophe, sans pouvoir prononcer une parole.

– Oui, monsieur Eugène, dit Christophe, c'était un brave et honnête homme, qui n'a jamais dit une parole plus haut que l'autre, qui ne nuisait à personne et n'a jamais fait de mal.

Les deux prêtres, l'enfant de chœur et le bedeau vinrent et donnèrent tout ce qu'on peut avoir pour soixante-dix francs dans une époque où la religion n'est pas assez riche pour prier gratis. Les gens du clergé chantèrent un psaume, le *Libera,* le *De profundis.* Le service dura vingt minutes. Il n'y avait qu'une seule voiture de deuil pour un prêtre et un enfant de chœur, qui consentirent à recevoir avec eux Eugène et Christophe.

– Il n'a point de suite, dit le prêtre, nous pourrons aller vite, afin de ne pas nous attarder, il est cinq heures et demie.

Cependant, au moment où le corps fut placé dans le corbillard, deux voitures armoriées, mais vides, celle du comte de Restaud et celle du baron de Nucingen, se présentèrent et suivirent le convoi jusqu'au Père-La-Chaise. A six heures, le corps du père Goriot fut descendu dans sa fosse, autour de laquelle étaient les gens de ses filles, qui disparurent avec le clergé aussitôt que fut dite la courte prière due au bonhomme pour l'argent de l'étudiant. Quand les deux fossoyeurs eurent jeté quelques pelletées de terre sur la bière pour la cacher, ils se relevèrent, et l'un d'eux, s'adressant à Rastignac, lui demanda leur pourboire. Eugène fouilla dans sa poche et n'y trouva rien, il fut forcé d'emprunter vingt sous à Christophe. Ce fait, si léger en lui-même, détermina chez Rastignac un accès d'horrible tristesse. Le jour tombait, un humide crépuscule agaçait les nerfs, il regarda la tombe et y ensevelit sa dernière larme de jeune homme, cette larme arrachée par les saintes émotions d'un cœur pur, une de ces larmes qui, de la terre où elles tombent, rejaillissent jusque dans les cieux. Il se croisa les bras, contempla les nuages, et le voyant ainsi, Christophe le quitta.

Rastignac, resté seul, fit quelques pas vers le haut du cimetière et vit Paris tortueusement couché le long des deux rives de la Seine, où commencent à briller les lumières. Ses yeux s'attachèrent presque avidement entre la colonne de la place Vendôme et le dôme des Invalides, là où vivait ce beau monde dans lequel il avait voulu pénétrer. Il lança sur cette ruche bourdonnant un regard qui semblait par avance en pomper le miel, et dit ces mots grandioses: – A nous deux maintenant! Et pour dernier acte du défi qu'il portait à la Société, Rastignac alla dîner chez madame de Nucingen.

Saché, septembre 1834

4 **le service** — cérémonie religieuse pour un défunt, pour qqn qui est mort; la messe des morts
4 **le convoi** — ici: l'enterrement
6 **pourvoir à** — ici: payer; régler
8 **accablé, e** — épuisé; affaibli
12 **ensevelir** — envelopper un corps mort dans un linceul; ici: plutôt laver
16 **la bière** — cercueil; p. ex. mettre en bière
20 **les Pompes-Funèbres** — institut qui organise les funérailles
24 **infructueux, se** — sans résultat; sans succès
33 **le concièrge** — gardien d'un immeuble; portier
33 **la parure** — le bijou
37 **les dispositions** — préparatifs; arrangements
40 **le goupillon** — instrument liturgique pour asperger d'eau bénite (Weihwedel)
41 **tremper** — se trouver plongé (dans l'eau bénite)
43 **le faste** — luxe; pompe
46 **un interne** — étudiant en médecine qui seconde le médecin en chef de l'hôpital
46 **mander** — faire savoir
47 **les vêpres** — messe catholique célébrée dans l'après-midi
49 **le griffonnage** — écriture négligée, presque illisible
53 **pardi** — tiens!
54 **une indignation** — sentiment de colère qu'excite une action injuste
56 **le corbillard** — voiture servant à transporter les morts jusqu'à leur sépulture, leur tombe
56 **déclouer qqch.** — enlever les clous de qqch.
60 **le croque-mort** — employé des pompes funèbres chargé du transport des morts au cimetière
66 **le pourboire** — somme d'argent que l'on donne comme gratification, comme récompense
72 **le bedeau** — employé laïque d'une église; sacristain
80 **s'attarder** — se mettre en retard
82 **armorié, e** — orné d'emblèmes symboliques qui distinguent une famille noble
85 **la fosse** — trou creusé dans la terre pour y placer le cercueil
87 **le fossoyeur** — celui qui creuse les fosses dans un cimetière
88 **la pelleté** — quantité de matière qu'on peut prendre d'un seul coup de pelle
90 **fouiller** — chercher
92 **le crépuscule** — lumière incertaine qui succède immèdiatement au coucher du soleil
95 **rejaillir** — se refléter
96 **contempler** — regarder considérer attentivement
99 **tortueux, se** — qui présente des courbes en suivant le cours de la Seine; sinueux
103 **la ruche** — habitation pour les abeilles
103 **bourdonner** — bruit sourd que font certains insectes en volant
103 **pomper** — absorber
105 **le défi** — provocation; déclaration provocatrice

Analyse du texte

1. Prouvez par des citations que l'argent joue le rôle décisif dans la Société de la Restauration.
2. Comment est-ce qu'on peut expliquer l'absence des filles lors de l'enterrement de leur père?
3. Caractérisez la réaction de Rastignac sur l'impassibilité des deux familles aristocratiques et décrivez l'état psychique du jeune homme.
4. A qui Eugène de Rastignac s'adresse-t-il avec la fameuse phrase: ‹A nous deux maintenant!› et qu'est-ce qu'il entend par cette déclaration?
5. Indiquez le temps qui domine dans cet extrait (– ce temps domine dans tout le roman –) et trouvez-en la particularité.

Sujets complémentaires

1. Expliquez rétrospectivement la valeur et la tâche des longues descriptions au début du roman.
2. Résumez les caractéristiques essentielles du roman de Balzac (c.-à-d. du roman traditionnel) et concrétisez chacune d'entre elles par des exemples tirés des différents extraits.

Exercice de vocabulaire: centre d'intérêt:

l'enterrement

Michel Butor

Le nouveau romancier Michel Butor est né en 1926 dans un faubourg de Lille. Professeur de philosophie et de français, il a enseigné en France, en Egypte, en Grande Bretagne, en Grèce, en Suisse et aux Etats Unis. Actuellement, Butor enseigne à l'Université de Genève.
Outre ses romans ‹Passage de Milan› (1954), ‹L'Emploi du temps› (1956), ‹La Modification› (1957) et ‹Degrés› (1960), Butor a écrit des poèmes, des portraits sur quelques lieux géographiques qui l'ont impressionné au cours de ses nombreux voyages à l'étranger, et des essais critiques (ou théoriques), regroupés dans ‹Répertoire I› (1960), ‹Répertoire II› (1964), et ‹Répertoire III› (1968).

Texte 7:

Michel Butor «La Modification»

Contenu du roman

Le protagoniste de «La Modification» est Léon Delmont. Il vit à Paris avec sa femme Henriette et ses quatre enfants. Etant donné qu'il est le représentant français de la firme italienne Scabelli, il se rend fréquemment à Rome pour les besoins de son travail. Lors d'un de ces voyages, il a fait la connaissance d'une jeune veuve, Cécile Darcella, qui travaille à l'ambassade de France. Plus tard elle est devenue sa maîtresse. Au début du roman, Léon Delmont monte dans le train pour Rome; il a prétexté un voyage d'affaires mais va en fait rejoindre sa maîtresse pour lui annoncer qu'il a trouvé pour elle un emploi à Paris et a décidé de rompre son mariage. L'esprit du voyageur est donc occupé par ses visions du passé et de l'avenir aussi bien que par ce qui se passe autour de lui. Cependant au fur et à mesure que le voyage se prolonge, ses idées concernant le passé et l'avenir subissent un changement, une ‹modification› qui l'empêche finalement d'aller trouver Cécile. Sans lui avoir parlé, il prend le train de retour pour Paris.

Le début du roman

(pp. 9—12)

Vous avez mis le pied gauche sur la rainure de cuivre, et de votre épaule droite vous essayez en vain de pousser un peu plus le panneau coulissant.

Vous vous introduisez par l'étroite ouverture en vous frottant contre ses bords, puis, votre valise couverte de granuleux cuir sombre couleur d'épaisse bouteille, votre valise assez petite d'homme habitué aux longs voyages, vous l'arrachez par sa poignée collante, avec vos doigts qui se sont échauffés, si peu lourde qu'elle soit, de l'avoir portée jusqu'ici, vous la soulevez et vous sentez vos muscles et vos tendons se dessiner non seulement dans vos phalanges, dans votre paume votre poignet et votre bras, mais dans votre épaule aussi, dans toute la moitié du dos et dans vos vertèbres depuis votre cou jusqu'aux reins.

Non, ce n'est pas seulement l'heure à peine matinale, qui est responsable de cette faiblesse inhabituelle, c'est déjà l'âge qui cherche à vous convaincre de sa domination sur votre corps, et pourtant, vous venez seulement d'atteindre les quarante-cinq ans.

Vos yeux sont mal ouverts, comme voilés de fumée légère, vos paupières sensibles et mal lubréfiées, vos tempes crispées, à la peau tendue et comme raidie en plis minces, vos cheveux, qui se clairsèment et grisonnent, insensiblement pour autrui mais non pour vous, pour Henriette et pour Cécile, ni même pour les enfants désormais, sont un peu hérissés et tout votre corps à l'intérieur de vos habits qui le gênent, le serrent et lui pèsent, est comme baigné, dans son réveil imparfait, d'une eau agitée et gazeuse pleine d'animalcules en suspension.

Si vous êtes entré dans ce compartiment, c'est que le coin couloir face à la marche à votre gauche est libre, cette place même que vous auriez fait demander par Marnal comme à l'habitude s'il avait été encore temps de retenir, mais non, que vous auriez demandé vous-même par téléphone, car il ne fallait pas que quelqu'un sût chez Scabelli que c'était vers Rome que vous vous échappiez pour ces quelques jours.

Un homme à votre droite, son visage à la hauteur de votre coude, assis en face de cette place où vous allez vous installer pour ce voyage, un peu plus jeune que vous, quarante ans tout au plus, plus grand que vous, pâle, aux cheveux plus gris que les vôtres, aux yeux clignotants derrière des verres très grossissants, aux mains longues et agitées, aux ongles rongés et brunis de tabac, aux doigts qui se croisent et se décroisent nerveusement dans l'impatience du départ, selon toute vraisemblance le possesseur de cette serviette noire bourrée de dossiers dont vous apercevez quelques coins colorés qui s'insinuent par une couture défaite, et de livres sans doute ennuyeux, reliés, au-dessus de lui comme un emblème, comme une légende qui n'en est pas moins explicative, ou énigmatique, pour être une chose, une possession et non un mot, posée sur le filet de métal aux trous carrés, et appuyée sur la paroi du corridor.

Cet homme vous dévisage, agacé par votre immobilité, debout, ses pieds gênés par vos pieds; il voudrait vous demander de vous asseoir, mais les mots n'atteignent même pas ses lèvres timides, et il se détourne vers le carreau, écartant de son index le rideau bleu baissé dans lequel est tissé le sigle S.N.C.F.

Sur la même banquette que lui, après un intervalle pour l'instant inoccupé, mais réservé par ce long parapluie au fourreau de soie noire qui barre la moleskine verte, au-dessous de cette légère mallette gainée de toile écossaise imperméabilisée, avec deux serrures de mince cuivre éclatant, un jeune homme qui doit avoir fini son service militaire, blond, vêtu de tweed gris clair, avec une cravate à raies obliques rouges et violettes, tient dans sa main droite la gauche d'une jeune femme plus brune que lui, et joue avec elle, passant et repassant son pouce sur sa paume tandis qu'elle le regarde faire, contente, levant un instant les yeux vers vous, et les baissant vivement en vous voyant les observer, mais sans cesser.

Ce ne sont pas seulement des amoureux mais de jeunes époux puisqu'ils ont tous les deux leur anneau d'or, de fraîche date, peut-être en voyage de noces, et qui ont sans doute acheté pour l'occasion, à moins que cela soit le cadeau d'un oncle généreux, ces deux grandes valises semblables, flambant neuves, en peau de porc, l'une sur l'autre au-dessus d'eux, toutes deux agrémentées de ses petits cadres de cuir pour cartes de visite, fixés aux poignées par de minuscules courroies.

Ils sont les seuls à avoir retenu leurs places dans le compartiment: leurs fiches brunes et jaunes avec leurs gros numéros noirs sont suspendues immobiles à la barre nickelée.

De l'autre côté de la fenêtre, assis seul sur l'autre banquette, un ecclésiastique d'une trentaine d'années, déjà un peu gras, d'une propreté méticuleuse à l'exception des doigts de la main droite souillés de nicotine, tente de s'absorber dans la lecture de son bréviaire truffé d'images, audessous d'un porte-documents d'un noir, un peu cendré, d'asphalte, dont bâille en partie la longue fermeture éclair comme la gueule aux dents très fines d'un serpent marin, posé sur le filet jusqu'où vous hissez péniblement, tel un dérisoire athlète de place publique soulevant par son anneau l'énorme poids de fonte creuse, d'une seule main, puisque les doigts de l'autre sont encore serrés sur le livre que vous venez d'acheter, vous hissez votre propre bagage, votre propre valise recouverte de cuir vert bouteille à gros grain avec vos initiales frappées «L.D.», cadeau de votre famille à votre précédent anniversaire, qui était alors assez élégante, tout à fait convenable pour le directeur du bureau parisien des machines à écrire Scabelli, et qui peut encore faire illusion malgré ses taches grasses qui se révèlent à un examen plus attentif, et cette sournoise rouille qui commence à ronger les anneaux.

En face de vous, entre l'ecclésiastique et la jeune femme gracieuse et tendre, à travers la vitre, à travers une autre vitre, vous apercevez assez distinctement à l'intérieur d'un autre wagon de modèle plus ancien aux bancs de bois jaune, aux filets de ficelle, dans la pénombre au-delà des reflets composés, un homme de la même taille que vous, dont vous ne sauriez ni préciser l'âge, ni décrire avec exactitude les vêtements, qui reproduit avec plus de lenteur encore les gestes fatigués que vous venez d'accomplir.

Assis, vous étendez vos jambes de part et d'autre de celles de cet intellectuel qui a pris un air soulagé et qui arrête enfin le mouvement de ses doigts, vous déboutonnez votre épais manteau poilu à doublure de soie changeante, vous en écartez les pans, découvrant vos deux genoux dans leurs fourreaux de drap bleu marine, dont le pli, repassé d'hier pourtant, est déjà cassé, vous décroisez et déroulez avec votre main droite votre écharpe de laine grumeleuse, au tissage lâche, dont les nodosités jaune paille et nacre vous font penser à des œufs brouillés, vous la pliez négligemment en trois et vous la fourrez dans cette ample poche où se trouvent déjà un paquet de gauloises bleues, une boîte d'allumettes et naturellement des brins de tabac mêlés de poussière accumulés dans la couture.

Vocabulaire

1 **la rainure** — support le long duquel une porte coulissante peut glisser
2 **le panneau coulissant** — porte qui glisse dans la rainure
3 **frotter** — presser
4 **granuleux, se** — genarbt
8 **le tendon** — extrémité d'un muscle; p. ex. le tendon d'Achille
9 **la paume** — l'intérieur de la main
11 **les vertèbres** — os qui forment la colonne vertébrale
11 **les reins** — la partie inférieure du dos
16 **la paupière** — partie mobile qui protège l'œil
17 **lubréfié, e** — huilé; graissé; ici: les paupières semblent s'ouvrir et se fermer difficilement
17 **crispé, e** — tendu; contracté
18 **clairsemer** — commencer à se faire rare
18 **grisonner** — devenir gris
20 **hérissé, e** — ici: dréssé en désordre sur la tête
23 **les animalcules** — animaux microscopiques
23 **en suspension** — qui se mèlent dans l'eau
26 **Marnal** — employé chez Scabelli qui retient normalement une place pour le protagoniste
33 **clignoter** — fermer et ouvrir rapidement les yeux
34 **rongé, e** — coupé très court avec les dents
37 **bourré, e de** — plein de
38 **s'insinuer** — se glisser
40 **énigmatique** — mystérieux; obscur
42 **la paroi** — face intérieure d'un mur
43 **dévisager** — regarder avec insistance; fixer
46 **le carreau** — vitre; fenêtre
46 **un index** — doigt de la main le plus proche du pouce
47 **le sigle** — suite d'initiales servant d'abréviation
49 **le fourreau** — enveloppe du parapluie
49 **barrer** — ici: réserver; empêcher qqn de s'assoir

50 **la moleskine** — ici: le siège couvert d'une toile imitant le cuir
50 **la mallette** — petite valise
50 **gainé, e** — enveloppé
53 **oblique** — qui n'est ni vertical ni horizontal
62 **flambant neuf, ve** — tout neuf
63 **agrémenté, e** — orné
64 **la courroie** — bande de cuir
68 **un ecclésiastique** — homme de l'Eglise; prêtre
70 **souillé, e** — avec des taches; taché
71 **le bréviaire** — livre qui contient les prières pour chaque jour et chaque heure
71 **truffé, e** — enrichi; rempli
73 **bâiller** — ici: être entrouvert
76 **un anneau** — ici: poignée
76 **la fonte** — Gußeisen
83 **la rouille** — oxyde de fer dont se couvre le métal en milieu humide
95 **la doublure** — étoffe qui sert à garnir la surface intérieure d'un vêtement
96 **le pan** — partie flottante; le bas d'un manteau
99 **grumeleux, se** — weitmaschig
99 **la nodosité** — nœud
100 **les œufs brouillés** — œufs battus au cours de leur cuisson dans une poêle
101 **fourrer** — mettre, placer sans soin

Analyse du texte

1. Qu'est-ce qui vous frappe dans ce texte? — Pensez que c'est le début d'un roman.
2. Dans quelle situation le lecteur se trouve-t-il? — Mentionnez les différences des deux romans concernant le lecteur.
3. Nommez des éléments stylistiques dont l'analyse vous semble indispensable.
4. Structurez cet extrait et donnez un titre à chaque unité.
5. A qui l'auteur pense-t-il en employant le pronom ‹vous›? — Quelle a été votre première impression? — Quand sait-on exactement que c'est au protagoniste que l'auteur s'adresse? — Trouvez des indices dans le texte.
   (— Traitez maintenant l'essai théorique de Butor concernant la seconde personne pour mieux comprendre la valeur de cet élément stylistique.)
6. Quels sont les liens entre le protagoniste (vous) et le narrateur? — Indiquez la perspective narrative et comparez-la avec celle de Balzac.
7. Caractérisez comment Butor présente des objets et des personnes par rapport à Balzac. Pensez surtout au choix des éléments descriptifs.
8. Pourquoi Butor accorde-t-il aux objets peu importants le même intérêt qu'aux informations essentielles?

Sujets complémentaires

1. Revoyez les fonctions du début du roman de Balzac et comparez-les avec le commencement de ‹La Modification›.
2. Distinguez l'emploi du présent dans les phrases suivantes:
   a) La terre tourne autour du soleil.
   b) Maintenant, je regarde par la fenêtre. (En prononçant cette phrase, on regarde vraiment par la fenêtre.)
   c) Ce soir, je vais à un bal.
   d) Je possède une Citroën GS.
3. Précisez la valeur spécifique du présent au début de ‹La Modification›.
4. Il y a une unité de structure qui n'est pas écrite au présent. En quoi cette unité diffère-t-elle des autres?
5. Comparez les phrases de Balzac avec celles de Butor. Indiquez les différences.

Exercices de vocabulaire: centres d'intérêt:

le corps humain – le train

Texte 8:

La fuite de Léon Delmont

(pp. 30–36)

C'est très brusquement que vous avez décidé ce voyage, puisque lundi soir, lorsque vous êtes rentré chez vous pour dîner, sans votre valise que vous aviez laissée à votre bureau, avenue de l'Opéra, au coin de la rue Danièle-Casanova, parce que vous n'aviez pas votre voiture, il n'était encore question de rien, car s'il est vrai que depuis longtemps vous aviez l'intention de trouver pour Cécile un emploi à Paris, vous n'aviez jusqu'alors fait aucune démarche positive en ce sens, et ce n'est que mardi matin, une fois examinées toutes les affaires courantes, et lu tout le courrier qui s'était accumulé pendant votre séjour à Rome, que vous avez téléphoné à l'un de vos clients, Jean Durieu, le directeur de l'agence de voyages Durieu dont vous aperceviez les vitrines de votre fenêtre, pour lui demander, en lui recommandant la discrétion, s'il ne connaîtrait pas une situation pouvant convenir à une femme remarquablement intelligente, d'une trentaine d'années, parlant couramment l'anglais et l'italien, qui, pour l'instant, était secrétaire d'un attaché militaire, si vos souvenirs étaient exacts, à l'ambassade de France à Rome, ce qui ne l'intéressait que médiocrement, et qui accepterait un salaire assez modéré étant donné la grande envie qu'elle avait de revenir à Paris.

Il était tout à fait possible qu'il découvrît quelque chose, vous a-t-il répondu; il vous rappellerait dès qu'il se serait renseigné, ce qu'il a fait l'après-midi même à votre grande surprise et satisfaction, vous déclarant qu'il désirait faire diverses transformations dans son affaire, et qu'une personne comme celle dont vous lui aviez parlée pourrait lui être d'une grande utilité dans le cadre de ce renouvellement, faisant des propositions financières si raisonnables que vous avez pris sur vous de l'assurer de son acceptation.

Quant à la date de son entrée en fonctions? Quand elle voudrait, le plus tôt serait le mieux, mais cela n'avait rien d'urgent, qu'elle prenne le temps de régler tranquillement ses affaires à Rome, sa démission, son déménagement, son installation à Paris, il savait bien comme il était difficile de prévoir toutes les difficultés qui pouvaient surgir à ces occasions, et il y avait dans sa voix, dans sa politesse, un désagréable accent de complicité.

A ce moment-là, vous pensiez tout arranger par lettres et ne revoir Cécile que lors de votre prochain voyage mensuel, lors de la réunion générale de fin d'année des directeurs de branches étrangères de la maison Scabelli, et ce n'est que le mercredi que les choses se sont précipitées, et cela sans doute parce que c'était le treize novembre et par conséquent votre anniversaire, le quarante-cinquième, parce qu'Henriette, tenant toujours à ces dérisoires cérémonies familiales, y avait accordé cette année une importance particulière, dans ses soupçons plus justifiés encore qu'elle ne les croit, pensant vous retenir, vous enserrer dans ce filet de petites rites, non par amour certes, il y a bien longtemps que tout cela était fini entre vous deux (et s'il y avait bien eu autrefois une passion juvénile, cela n'avait jamais rien eu à voir avec ce sentiment de délivrance et d'enchantement que Cécile vous apportait), mais par sa crainte, chaque jour plus grande (ah, comme elle vieillisait!) de voir changer quelque chose à l'ordre auquel elle était habituée, non par jalousie vraiment, mais par la hantise qu'une imprudence de votre part ou qu'une brouille violente n'abîmât son confort et celui des enfants alors qu'elle n'avait rien à redouter quant à cela, mais parce que jamais vraiment elle n'avait eu confiance en vous, ou tout au moins que depuis très longtemps elle ne l'avait plus, ce qui était à n'en pas douter l'origine de cette déchirure entre vous qui n'avait fait que s'accentuer au cours des ans, et que vos succès, cette réussite incontestable à laquelle elle devait ce bel appartement auquel elle tenait tant, ne l'avaient jamais convaincue, elle que vous sentiez de plus en plus, avant même qu'elle ait eu de véritables raisons pour cela, vous faire ces reproches muets, vous surveiller.

Quand vous êtes entré dans la salle à manger mercredi pour déjeuner (à travers la fenêtre brillaient les admirables rinceaux de la frise du Panthéon éclairés d'un rayon de soleil blanc de novembre qui s'est vite terni), quand vous avez vu vos quatre enfants debout derrière leurs places, raides, moqueurs, quand vous avez distingué sur son visage, sur ses lèvres à l'ombre, ce sourire triomphant, vous avez eu l'impression qu'ils s'étaient tous entendus pour vous tendre un piège, que ces cadeaux sur votre assiette étaient un appât, que tout ce repas avait été soigneusement composé pour vous séduire (comment n'aurait-elle pas appris à les connaître, vos goûts, depuis près de vingt ans que vous vivez ensemble), tout combiné pour bien vous persuader que vous étiez désormais un homme âgé, rangé, dompté, alors qu'il y avait si peu de temps que sétait ouverte à vous cette vie tout autre, cette vie que vous ne meniez encore que quelques jours à Rome, cette autre vie dont celle-ci, celle de l'appartement parisien, n'était que l'ombre, et c'est pourquoi, vous cramponnant à la prudence malgré votre irritation, vous vous êtes appliqué à jouer leur jeu, réussissant à vous montrer presque gai, les félicitant sur leur choix, soufflant avec conscience les quarante-cinq bougies, mais bien décidé à faire cesser au plus tôt cette imposture devenue constante, ce malentendu si installé. Il n'était que temps!

Maintenant Cécile allait venir à Paris et vous demeureriez ensemble. Il n'y aurait pas de divorce, pas d'esclandre, de cela vous étiez, vous êtes bien certain; tout se passerait fort calmement, la pauvre Henriette se tairait, les enfants, vous iriez les voir une fois par semaine à peu près; et vous étiez certain aussi non seulement de l'accord, mais de la triomphante joie de Cécile qui vous avait tant taquiné sur votre bourgeoise hypocrisie.

Ah, cette asphyxie menaçante, il fallait la fuir au plus tôt, respirer au plus tôt un immense coup de cet air futur, de ce bonheur proche, il vous fallait lui annoncer cette nouvelle, et de vive voix pour que la chose soit enfin sans risque de méprise.

Aussi, l'après-midi, avenue de l'Opéra, vous avez vérifié qu'il n'y avait rien de très urgent, vous avez notifié à Maynard, votre second, que vous alliez vous absenter pour quelques jours, du vendredi au mardi, vous avez envoyé Marnal vous acheter l'indicateur que vous avez entre les mains, sans lui demander de vous prendre votre billet et de vous retenir une place parce que vous n'aviez nulle envie que l'on sût dans la maison que c'était à Rome que vous retourniez.

Lorsque vous avez annoncé le soir à Henriette que des circonstances imprévues vous obligeaient à partir le vendredi matin, ce vendredi matin qui passe, ce n'est pas le fait même de votre voyage qui l'a intriguée, puisque, plusieurs fois déjà, il vous était arrivé en effet d'être contraint pour une affaire urgente d'aller faire un saut jusqu'à la maison centrale entre deux déplacements réguliers, mais c'est l'heure inhabituelle et manifestement incommode de votre départ, choisie pour pouvoir profiter de la totalité du week-end avec Cécile, pour pouvoir déjeuner avec elle demain samedi, et aussi, il faut bien le dire, parce qu'il y a des troisièmes dans ce train-ci, et que vous estimiez que cette escapade, très importante certes pour le déroulement futur de votre vie, mais dont à la rigueur vous auriez pu vous passer, évidemment non remboursée, vous coûterait ainsi déjà suffisamment cher, et c'est sur ce point précis de l'heure, du train choisi, qu'elle s'est mise à vous poser des questions, qu'il a fallu que vous inventiez de fausses raisons, sans grande habileté à vrai dire, de telle sorte qu'à chacune elle pouvait opposer facilement les plus justes objections auxquelles vous ne trouviez rien à répondre, si bien qu'elle s'étonnait d'autant plus en vous voyant vous obstiner si absurdement.

[. . .]

Il[1] était comme le talisman, la clé, le gage de votre issue, d'une arrivée dans une Rome lumineuse, de cette cure de jouvence dont le caractère clandestin accentue l'aspect magique, de ce trajet qui va depuis ce cadavre de femme continuant illusoirement des gestes utiles, depuis ce cadavre inquisiteur que vous n'avez si longtemps hésité à quitter que parce qu'il y a les enfants dont chaque jour une vague de plus vous sépare, de telle sorte qu'ils sont là comme des statues de cire d'eux-mêmes, cachant de plus en plus leur vie que vous avez de moins en moins envie de connaître et de partager, depuis cette Henriette avec laquelle il vous est impossible de divorcer parce qu'elle ne s'y résoudrait jamais, parce que, avec votre position, vous voulez éviter tout scandale (la maison Scabelli, italienne, calottine, tartufe, verrait la chose d'un très mauvais œil), depuis ce boulot auquel vous êtes enchaîné et qui vous entraînerait aux fonds asphyxiés de cet océan d'ennui, de démission, de routines usantes et ennuageantes, d'inconscience où elle se traîne, si vous n'aviez pas ce salut, Cécile, si vous n'aviez pas cette gorgée d'air, ce surcroît de force, cette main secourable qui se tend vers vous messagère des régions heureuses et claires, depuis cette lourde ombre tracassière dont vous allez pouvoir enfin vous séparer de fait, jusqu'à cette magicienne qui par la grâce d'un seul de ses regards vous délivre de toute cette horrible caricature d'existence, vous rend à vous-même dans un bienfaisant oubli de ces meubles, de ces repas, de ce corps tôt fané, de cette famille harassante, le gage de cette décision enfin prise de rompre, de vous libérer de tout ce

[1] i.e. l'indicateur: (= (l'horaire)

harnais de vains scrupules, de toute cette lâcheté paralysante, d'enseigner à vos enfants aussi cette liberté, cette audace, de cette décision qui a illuminé de son reflet, qui vous a permis de traverser sans y succomber, sans renoncer à tout, sans vous perdre à jamais, toute cette semaine de chiffres, de règlements et de signatures, cette semaine de pluie, de cris et de malentendus,

le gage de ce voyage secret pour Henriette, parce que, si vous lui aviez caché vos raisons véritables, secret pour Henriette qui ne sait que trop bien pourtant qu'il y a derrière ce changement d'horaire un secret, votre secret, dont elle sait bien qu'il a nom Cécile, de telle sorte que l'on ne peut pas dire vraiment que vous la trompiez sur ce point, de telle sorte que vos mensonges à son égard ne sont pas complètement des mensonges puisqu'ils sont malgré tout (on a le droit de les considérer sous cet angle) une étape nécessaire vers la clarification de vos rapports, vers la sincérité entre vous si profondément obscurcie pour l'instant, vers sa délivrance à elle aussi dans sa séparation d'avec vous, vers sa libération à elle aussi dans une certaine faible mesure,

Vocabulaire

35 **mensuel, le** — qui a lieu tous les mois
42 **enserrer** — attacher étroitement; captiver
45 **la délivrance** — soulagement
49 **la hantise** — peur; crainte
49 **la brouille** — rupture; désaccord; dispute
50 **abîmer** — corrompre; gêner; gâter
60 **le rinceau** — ornement en forme d'arabesque
60 **la frise** — Fries
66 **l'appât** — tout ce qui attire, séduit (Köder)
73 **cramponner** — attacher; ici: se tenir sur ses gardes; s'efforcer
77 **une imposture** — tromperie; duperie
80 **un esclandre** — éclat; scandale
84 **taquiner** — agacer; inquiéter
86 **une asphyxie** — suspension ou ralentissement de la respiration; étouffement et manque d'oxygène
89 **la méprise** — malentendu; erreur
93 **un indicateur** — livre qui sert de guide; ici: horaire des trains
99 **intriguer** — embarrasser en excitant la curiosité; donner à penser; inquiéter
114 **s'obstiner** — persister dans une idée, une décision sans vouloir la changer
115 **le gage** — ce qui représente une garantie
116 **la jouvence** — jeunesse; rajeunissement
117 **le trajet** — voyage
121 **la cire** — matière molle et jaunâtre produite par les abeilles
126 **calottin, e** — pieux comme des prêtres
126 **tartufe** — hypocrite
130 **la gorgée** — ce qu'on peut boire en une seule fois
130 **le surcroît** — accroissement; supplément

132 **tracassier, ière** — qui se plaît à torturer moralement; tourmenter; inquiéter
136 **fané, e** — qui a perdu sa fraîcheur
136 **harassant, e** — fatiguant (à l'excès)
138 **le harnais** — Harnisch; Panzer
140 **succomber** — être vaincu; ne pas résister

Analyse du texte

1. Caractérisez les rapports du protagoniste avec sa famille.
2. Illustrez par des citations le portrait tout à fait négatif de sa femme. — Qu'est-ce qu'Henriette représente pour Léon Delmont?
3. Quelle est l'image que Delmont dessine de sa maîtresse Cécile?
4. Comparez les deux portraits.
5. Donnez des raisons pour lesquelles Delmont veut quitter sa femme.
6. Analysez le temps qui domine dans ce texte et expliquez également les autres phénomènes temporels apparaissant de part et d'autre.

Sujets complémentaires

1. Pourquoi est-ce qu'on peut appeler le voyage de Léon Delmont une fuite?
2. Qu'est-ce qu'il fuit? — Qu'est-ce qu'il attend de sa fuite?

Exercice de vocabulaire: centres d'intérêt:

la volonté, devoir et conscience — les qualités et les vertus — les défauts et les vices

Texte 9:

Au cours du voyage à Rome

(pp. 97—104)

Au-delà de la fenêtre sur laquelle les gouttes de pluie s'espacent de plus en plus, vous apercevez bien plus nettement que tout à l'heure, sous une tache claire dans le ciel, des maisons, les poteaux, la terre, des gens qui sortent, une charrette, une petite automobile italienne qui croise la voie au-dessus de vous sur un pont. Dans le corridor viennent deux jeunes gens déjà vêtus de leurs manteaux, avec leurs valises à la main. Passe la gare de Sénozan.

L'ecclésiastique a retiré son ticket de son porte-monnaie qu'il remet dans la poche de sa soutane après avoir fait le compte de sa fortune, puis il boutonne son manteau noir, serre autour de son cou son écharpe de tricot, met sous son bras son porte-documents gonflé qu'il essaie en vain de fermer complètement, tandis que passent derrière lui les premières rues de Mâcon, puis, se tenant à la barre de métal, levant bien haut ses grands souliers, il passe devant la dame en noir, entre le militaire et le petit garçon, entre l'Italien qui tourne la page de son journal et vous, sort, reste immobile devant la vitre jusqu'à l'arrêt complet.

Qu'y a-t-il entre ces deux feuilles de cuir médiocre en dehors de son bréviaire? D'autres livres? Des livres de classe peut-être s'il est professeur dans un collège, s'il va y rentrer déjeuner dans quelques instants et qu'un cours l'attend à deux heures avec des garnements dans le genre d'Henri ou Thomas, ou des devoirs à corriger, des dictées toutes zébrées de crayon rouge: nul, très faible, zéro, souligné, avec des points d'exclamations, des analyses «à rapporter avec la signature de vos parents», des narrations «Vous écrivez une lettre à l'un de vos amis pour lui raconter vos vacances» (non, il y a déjà trop longtemps qu'ils sont rentrés; c'est toujours le premier sujet de l'année), «Imaginez que vous êtes le représentant à Paris d'une maison de machines à écrire italiennes, vous écrivez à votre directeur romain pour lui expliquer que vous avez décidé de prendre quatre jours de vacances», «Des idées mais pas de plan». «Attention à l'orthographe», «Vous faites des phrases trop longues», «En dehors du sujet», «Jamais vous ne ferez admettre à votre directeur italien des raisons pareilles», ou bien: «Imaginez que vous êtes monsieur Léon Delmont et que vous écrivez à votre maîtresse Cécile Darcella pour lui annoncer que vous avez trouvé pour elle une situation à Paris», «On voit bien que vous n'avez jamais été amoureux»; et lui, que sait-il de cela? Peut-être qu'il en est dévoré, qu'il est écartelé entre son désir, ce salut qu'il pressent pour lui ici-bas, et la terreur de son divorce avec l'Eglise, qui le laissera si démuni.

«Imaginez que vous voulez vous séparer de votre femme; vous lui écrivez pour lui expliquer la situation», «Vous ne vous êtes pas assez mis dans la peau du personnage». «Imaginez que vous êtes un père jésuite; vous écrivez à votre supérieur pour lui annoncer que vous allez quitter la Compagnie.»

Quelqu'un a ouvert une des fenêtres du corridor, et l'on entend assez distinctement la voix dans le haut-parleur qui récite: «... Chambéry, Saint-Jean-de-Maurienne, Saint-Michel-Valloire, Modane et l'Italie, en voiture s'il vous plaît ...»

Ces voyageurs sans manteaux ni valises, ce doit être ceux qui reviennent du wagon-restaurant, le premier service terminé, et parmi eux voici en effet les jeunes mariés qui rentrent, tandis qu'à terre un employé fait claquer les portes du wagon et que le train s'ébranle, elle oscillant entre les filets comme un jeune bouleau dans le vent.

La veuve pèle une pomme rouge qu'elle a choisie dans le panier, en passe les quartiers l'un après l'autre au petit garçon et pose bien soigneusement les épluchures sur un morceau de journal déchiré, étalé sur ses genoux, qu'elle replie quand tout est fini, froisse en forme de boule et jette sous la banquette, après y avoir essuyé la lame de son canif qu'elle referme et range dans son sac à main, puis elle se glisse jusqu'au coin de la fenêtre, à la place que l'ecclésiastique a quittée, et le petit garçon s'éloigne de vous, suçant ses doigts, mâchant son fruit dont l'odeur remplit encore tout le compartiment.

Passe la gare de Pont-de Veyle. Dans le corridor, deux jeunes gens accoudés à l'une des barres de cuivre devant une vitre allumant mutuellement leurs cigarettes. Sur le tapis de fer chauffant le soulier gauche jaune clair à semelle de crêpe du jeune époux recouvre presque entièrement la tache de même couleur que dessine le morceau de biscuit écrasé.

Plus d'un mois après votre rencontre dans le train, comme vous l'aviez presque oubliée, au soir d'une journée de septembre ou octobre encore très chaude, où le soleil avait été superbe, vous aviez dîné seul dans un restaurant du Corso avec un vin des plus médiocres malgré son prix exorbitant, après avoir dû régler un certain nombre de questions plutôt épineuses chez Scabelli, vous étiez allé pour vous détendre voir vous ne savez plus quel film français dans le cinéma qui est au coin de la via Merulana en face de l'auditorium de Mécène, et devant le guichet vous l'avez rencontrée qui vous a dit bonjour avec simplicité, avec qui vous êtes monté, si bien que l'ouvreuse, comprenant que vous étiez ensemble vous a donné deux fauteuils contigus.

Quelques minutes après le début du spectacle, le plafond s'est ouvert lentement, et c'est cela que vous considériez, non point l'écran, cette bande bleue du ciel nocturne s'élargissant pleine d'étoiles au milieu desquelles un avion passait avec ses feux de position rouge et vert tandis que de légers souffles d'air descendaient dans cette caverne.

A la sortie, vous l'avez priée d'accepter un rafraîchissement, et dans le taxi qui vous amenait à la via Veneto, par Sainte-Marie-Majeure et la rue des Quatre-Fontaines, vous lui avez dit votre nom, votre adresse parisienne et celle où l'on pouvait vous joindre à Rome; puis, sous l'excitation merveilleuse de la claire foule élégante, vous lui avez demandé de venir déjeuner avec vous le lendemain au restaurant Tre Scalini.

C'est pourquoi le matin, avant même d'aller au siège central de chez Scabelli, vous êtes passé à la grande poste envoyer un télégramme pour avertir Henriette que vous ne seriez pas à Paris avant le lundi, puis, un peu avant une heure, depuis une table de la terrasse, vous l'avez vue venir de l'autre bout de la place où des petits garçons se baignaient dans la Fontaine des Fleuves, minuscules à côté des géants éclatants, et si vous aviez connu à ce moment-là les poèmes de Cavalcanti, vous auriez dit qu'elle faisait trembler l'air de clarté.

Elle s'est assise en face de vous, posant son sac et son chapeau sur une chaise de rotin à côté d'elle, posant ses longues mains sur la nappe parfaitement blanche où des fleurs entre vos verres s'agitaient très doucement dans l'ombre délicieuse qui vous protégeait, vous approuvait, vous incitait, tombant des hautes maisons anciennes et séparant ce qui avait été un cirque impérial en deux régions bien tranchées.

Tous deux vous regardiez le spectacle de ce peuple traversant le seuil du soleil sans interrompre gestes ni discours, allumant ou éteignant les couleurs de ses vêtements, faisant soudain jaillir des cheveux et des robes noirs plis et reflets inattendus, révélant dans ce qui n'était que flammes blanches une prodigieuse diversité de nuances.

Ensemble vous avez fait l'éloge de cette place, de cette fontaine, de cette église aux deux clochers elliptiques, chants amoebées, parlant pour la première fois entre vous des monuments de Rome, commençant par ceux du dix-septième siècle, et c'est elle, désirant vous montrer des «coins charmants», qui vous a guidé tout l'après-midi dans une longue promenade bientôt tendre, vous faisant passer près de toutes les églises de Borromini que vous ne connaissiez pas encore.

Sur le tapis de fer chauffant la boule de papier journal roule jusqu'aux souliers de l'Italien. Le jeune militaire, dont le manteau couleur de foin est maintenant sec, se lève et sort. Un homme qui marche dans le même sens que le train passe la tête, puis s'en va, sûr qu'il s'est trompé.

Tout était comble et pourtant on était en hiver; c'était dans cette région-ci, entre Mâcon et Bourg, à peu près à cette heure-ci; vous aviez déjeuné au premier service et vous étiez à la recherche de vos deux places de troisième; Henriette prétendait toujours que c'était plus loin et elle avait raison, pourtant vous ouvriez toutes les portes (aisément, déjà vous n'avez plus votre force d'alors), vous passiez la tête et la retiriez comme ce monsieur après avoir constaté votre erreur.

Vous avez failli faire de même pour votre compartiment, car tous ses occupants avaient changé: il y avait maintenant entre autres une famille avec quatre enfants qui s'étaient installés aux places que vous aviez quittées, rangeant soigneusement sur l'étagère au-dessus d'eux les livres que vous y aviez laissés pour les marquer.

Vous avez attendu dans le corridor, regardant les champs, les vignes et les bois noirs, le ciel très bas, très sombre au-dessus, la neige qui a commencé à tomber à Bourg, les flocons s'écrasent sur les vitres, collant aux cadres, jusqu'à Chambéry où vous avez pu vous rasseoir, Henriette près de la fenêtre et vous à côté d'elle, comme les deux jeunes mariés, mais face à la marche.

La neige qui avait cessé de tomber couvrait toutes les montagnes, tous les arbres, tous les toits des maisons et des gares sous le ciel laiteux, et la buée se condensait sur le verre froid qu'il fallait essuyer perpétuellement.

Après le passage de la frontière dans la nuit, le chauffage mal réglé étant tout juste suffisant, vous vous êtes emmitouflés tous deux dans vos manteaux, et elle a dormi la tête contre votre épaule.

Un autre homme qui marche dans le sens inverse de celui du train, passe la tête par la porte et puis s'en va. Le jeune militaire revient et se rassied. Involontairement, il donne un coup de pied dans la boule de papier journal qui oscillait sur le tapis de fer et la chasse sous la banquette.

Au voyage suivant, vous l'aviez prévenue de votre arrivée par la première lettre que vous lui eussiez écrite, bien différente de celles d'aujourd'hui, le style étant passé de «Chère Madame» à «Chère Cécile», puis aux petits surnoms d'amants, le vous ayant fait place au tu, les formules de politesse aux envois de baisers.

Vous avez trouvé sa réponse en arrivant à l'Albergo Quirinale comme vous le lui aviez demandé, vous priant de venir l'attendre à la sortie du Palais Farnèse, pour qu'elle pût vous mener, si cela vous amusait, dans un petit restaurant qu'elle connaissait au Trastevere.

Le pli était pris; chaque fois vous l'avez revue; bientôt ce fut l'automne puis l'hiver; vous aviez parlé de musique, elle vous a procuré des places de concert; elle s'est mise à étudier pour vous les programmes des cinémas, à organiser tous vos loisirs à Rome.

Sans qu'elle s'en rendît compte alors, sans l'avoir cherché (vous l'avez appris tous les deux ensemble en étudiant votre Rome l'un pour l'autre), elle avait mis votre première promenade commune sous le signe de Borromini; depuis, vous avez eu bien d'autres guides et patrons, ainsi, comme vous aviez longuement feuilleté un jour dans une petite librairie d'occasions précieuses, près du palais Borghese, celle-là même où Cécile vous a acheté peu de temps après pour votre fête la Construction et la Prison qui ornent votre salon, quinze place du Panthéon, un volume de Piranèse consacré aux ruines, les mêmes sujets à peu près que ceux des toiles imaginaires rassemblées dans le tableau de Pannini; dans l'hiver vous êtes allés considérer, interroger l'un après l'autre tous ces amas de briques et de pierres.

Un soir enfin – vous étiez allés sur la via Appia, vous y aviez eu fort froid à cause du vent, vous y aviez été surpris par le coucher du soleil près du tombeau de Cécilia Métella; on apercevait la ville et ses remparts dans une brume pourpre poussiéreuse –, elle vous a proposé ce que vous attendiez depuis plusieurs mois, de venir prendre le thé dans sa maison, et vous avez franchi le seuil du cinquante-six via Monte della Farina, vous avez monté ces quatre hauts étages, vous avez pénétré dans l'appartement de la famille da Ponte avec ses buffets noirs, ses fauteuils recouverts de housses en macramé, ces calendriers publicitaires dont un de la maison Scabelli, et ses images pieuses, vous êtes entré dans sa chambre si différemment arrangée avec sa bibliothèque de livres français et italiens, ses photographies de Paris, son couvre-lit à rayures de couleurs.
Il y avait une grosse réserve de bois fendu à côté de la cheminée et vous lui avez dit que vous vous chargiez d'allumer le feu, mais c'est une chose dont vous aviez perdu l'habitude depuis la fin de la guerre; il vous a fallu longtemps.
Il faisait chaud maintenant; enfoncé dans un fauteuil, vous avez commencé à boire son thé qui vous réconfortait merveilleusement; vous vous sentiez tout envahi d'une délicieuse fatigue; vous regardiez les flammes claires et leurs reflets sur les pots de verre et de faïence, dans les yeux tout proches des vôtres de Cécile qui avait enlevé ses souliers et s'était allongée sur le divan, beurrant, appuyée sur un coude, une tranche de pain grillé.
Vous entendiez le bruit du couteau sur la mie durcie, le ronflement dans le foyer, il y avait cette fine odeur de deux fumées à la fois; de nouveau vous aviez toute votre timidité de jeune homme; le baiser vous apparaissait comme une fatalité à laquelle il vous était impossible de vous soustraire; vous vous êtes levé brusquement et elle vous a demandé: «Qu'est-ce qu'il y a?»
La regardant sans lui répondre, sans plus pouvoir détacher vos yeux des siens, vous vous êtes approché d'elle doucement avec l'impression de tirer un immense poids derrière vous; assis près d'elle sur le divan, votre bouche a eu encore quelques terribles centimètres à franchir, votre cœur était serré comme un linge humide qu'on essore.
Elle a lâché le couteau qu'elle tenait d'une main, le pain qu'elle tenait de l'autre, et vous avez fait ce que font ensemble les amoureux.

Sur le tapis de fer chauffant, vous voyez un pépin de pomme sauter d'un losange à un autre. Dans le corridor le garçon du wagon-restaurant fait tinter de nouveau sa clochette. Passe la gare de Polliat.

Le jeune militaire se lève, descend avec précaution cette boîte de contreplaqué teinte au brou de noix avec sa poignée de métal, son unique bagage, et sort, bientôt suivi de l'Italien qui s'en va dans la direction opposée, masqué au bout de quelques pas à vos yeux par deux femmes d'un autre compartiment qui s'éloignent derrière lui tandis que paraissent les premières maisons de Bourg, de telle sorte qu'il n'y a plus maintenant en face que les deux jeunes mariés au-dessous de leurs deux grandes valises semblables en beau cuir clair, avec une étiquette fixée à la poignée sur laquelle est vraisemblablement écrit le nom de la ville où ils se rendent, peut-être en cette Sicile où vous désireriez aller si vous pouviez célébrer par un voyage vos fausses noces, vos demi-noces avec Cécile, trouvant là-bas presque l'été.

Outre ses affaires de toilette avec tout cet outillage compliqué pour les ongles dont elles se servent, il doit y avoir dans la sienne des robes claires sans manches découvrant ses bras nus qui se doreront, ses bras qui demeuraient si bien cachés dans ce Paris qu'ils ont quitté en même temps que vous, et le demeureront jusqu'à la fin de leur trajet, même s'ils font escale à Rome, même s'ils s'y arrêtent une journée entière et ne repartent que par le train du soir, pour arriver épuisés après vingt-quatre heures encore d'un roulement plus bruyant et moins rapide que celui-ci, d'un balancement plus brutal, de secousses plus fréquentes et plus violentes, à Palerme ou à Syracuse où dès qu'ils auront mis les pieds, que ce soit le soir ou le matin, ils verront la mer splendide et dorée comme un tableau de Claude, avec ses profondeurs vertes et violettes, ils respireront l'air délicieux plein d'odeurs, ce qui les lavera, les détendra si bien qu'ils se regarderont l'un l'autre comme deux vainqueurs venant d'accomplir un exploit; il doit y avoir un costume de bain et de grandes serviettes en tissu éponge avec lesquelles ils s'essuieront le soir ou le lendemain, que ce soit lundi ou mardi (à ce moment déjà vous serez sur le chemin du retour, vous aurez déjà repassé la frontière à Modane), avant de s'étendre sur le sable.

La femme en noir a terminé son déjeuner maintenant puisque le petit garçon est en train de sucer un bonbon à la menthe; elle ouvre la fenêtre, sur laquelle il n'y a plus que quelques gouttes, pour jeter les papiers, tandis que les quais presque vides s'immobilisent, les wagons de bois, les fils dans le ciel, les rails sur la terre qui leur répondent, devant l'horizon de petites constructions grises.

Comme le tintement de la clochette s'approche de nouveau, une fois debout, respirant longuement l'air humide, vous jetez un coup d'œil sur les étiquettes des deux valises où en effet est inscrit le mot Syracuse, sur les quatre photographies dans les coins: montagnes, bateaux de Carcassone, et l'arc de triomphe de l'Etoile au-dessus de votre place que vous marquez; après l'avoir repris sur l'étagère, par le roman que vous avez acheté au départ de Paris gare de Lyon, puis vous sortez.

Vocabulaire

1 **s'espacer** — laisser entre deux choses un intervalle ou un espace
3 **le poteau** — pièce de bois dressée verticalement; ici; poteaux télégraphiques
4 **la charrette** — voiture à deux roues servant à transporter qqch.
20 **le garnement** — ici: enfant turbulent, vif, insupportable
20 **Henri et Thomas** — ce sont les noms des deux fils de Léon Delmont
21 **zébré, e** — marqué de lignes rappellant la robe du zèbre
36 **écarteler** — ici: tirailler; partager entre deux tendances
38 **démunir** (fig) — enlever à qqn un soutien, un appui
43 **la Compagnie** — Société de Jésus; ordre des jésuites, fondé en 1534 par Ignace de Loyola
51 **s'ébranler** — se mettre en marche
51 **osciller** — chanceler; balancer
52 **le bouleau** — arbre à bois blanc
55 **une épluchure** — peau d'un fruit qu'on a pelé; ici: peau d'une pomme
56 **froisser** — presser; serrer
57 **la lame** — partie d'un couteau qui sert à couper; tranchant
57 **le canif** — petit couteau de poche
63 **accoudé, e** — qui s'appuie sur un (les) coude(s)
63 **mutuellement** — l'un à l'autre
64 **le tapis de fer chauffant** — feuille de métal qui couvre le chauffage
71 **exorbitant, e** — qui dépasse la juste mesure; exagéré
72 **épineux, se** — ici: délicat; difficile; embarrassant
72 **se détendre** — se reposer
74 **Mécène** — chevalier romain (69—8 av. J.-C.), conseiller d'Auguste
77 **contigu, ë** — voisin
79 **un écran** — tableau blanc pour projeter des films
83 **le rafraîchissement** — boisson fraîche
87 **une excitation** — stimulation; encouragement
96 **Guido Cavalcanti** — poète italien, ami de Dante, né à Florence vers 1255
99 **le rotin** — partie de la tige des branches d'une variété de palmier, utilisée pour faire des sièges (Rotang)
99 **la nappe** — linge dont on couvre la table du repas
101 **approuver** — être favorable
101 **inciter** — inviter; encourager; pousser à faire qqch.
106 **jaillir** — apparaître brusquement; surgir
108 **prodigieux, se** — merveilleux; extraordinaire
109 **un éloge** — expression d'admiration
110 **amoebé, e** — alterné
117 **le foin** — herbe fauchée et séchée pour la nourriture du bétail
120 **comble** — plein; complet
139 **laiteux, se** — qui a la couleur du lait
140 **la buée** — vapeur qui se dépose sur les fenêtres en fines gouttes
143 **s'emmitoufler** — s'envelopper
158 **le pli était pris** — l'habitude était prise

165 **Francesco Borromini** — architecte italien du 17ième siècle
170 **Gambattista Piranèse** — architecte et graveur italien du 18ième siècle
171 **Giovanni Paolo Pannini** — peintre italien du 17ième siècle
172 **un amas** — tas; masse
176 **les remparts** — murs qui entourent une ville pour assurer sa défense
177 **la brume** — brouillard léger
182 **la housse** — enveloppe qui protège les meubles
182 **le macramé** — mot arabe; travail, fait à la main, avec des fils arrangés en nœuds
191 **réconforter** — redonner de l'énergie
192 **envahi, e** — pris
197 **la mie** — partie molle à l'intérieur du pain
197 **le ronflement dans le foyer** (fig) — bruit sourd que font les flammes
199 **le baiser** — action d'embrasser, de poser sa bouche sur une personne en signe d'affection
207 **essorer** — tordre ou presser pour faire sortir l'eau
210 **le pépin** — graine qui se trouve à l'intérieur de certains fruits (raisin, pomme, poire) et qui en assure la reproduction
211 **le losange** — parallélogramme dont les côtés sont égaux; ici: décoration en forme de losanges
212 **tinter** — résonner; sonner
213 **le contreplaqué** — Sperrholz
214 **le brou de noix** — Nußbeize
216 **masqué, e** — qu'on ne peut voir; caché
227 **se dorer** — se bronzer
229 **faire escale** — s'arrêter pour peu de temps avant de continuer son voyage; faire halte
247 **s'immobiliser** — s'arrêter

Analyse du texte

1. Est-ce que cet extrait présente un récit cohérent et suivi? — Justifiez votre impression.
2. «Le blanc, la juxtaposition pure et simple de deux paragraphes décrivant deux événements éloignés dans le temps apparaît alors comme la forme du récit la plus rapide possible, une vitesse qui efface tout.» (M. Butor: Répertoire II, Paris 1964, p. 94)
   — Indiquez les ‹blancs› de ce texte.
   — A quoi ces ‹blancs› peuvent-ils servir? — Pensez au lecteur.
3. En quoi les paragraphes se distinguent-ils? — Il y a plusieurs différences.
4. Quelle est l'idée dominante de chaque paragraphe? — Il y en a une qui apparaît quasi régulièrement.
   — Qu'est-ce qu'un tel système signale au lecteur?
5. Par quels moyens stylistiques Butor essaie-t-il de reproduire la complexité du monde et des pensées humaines?

6. Dans sa construction Butor s'efforce toujours de grouper les idées cohérentes bien qu'elles soient beaucoup plus désordonnées dans la réalité. Pourquoi?
7. Quelle est la fonction des paranthèses?
8. Indiquez la différence de style selon qu'il s'agit de choses vues concrètement ou évoquées par l'imagination.
   a) Pour les scènes vues:
   b) Pour les scènes imaginées:

Sujets complémentaires

1. En quoi est-ce que la description de Butor diffère de celle de Balzac?
2. Qu'est-ce que Butor atteint par le moyen stylistique du monologue intérieur?
3. Pourquoi le nouveau romancier a-t-il choisi cette perspective?
   – A quoi le lecteur participe-t-il d'une manière quasi directe lorsqu'il lit activement ce roman?

Exercice de vocabulaire: centres d'intérêt:

l'intelligence – l'arbre – les arbres – le cinéma –

Texte 10:

Les prévisions de Léon Delmont

(pp. 133–135)

Soudain vous apercevez le coin d'une gare qui passe, dont vous savez bien que c'est celle de Bardoneccia, à travers cette fenêtre claire que vient de tracer au milieu de l'autre la main de Pierre armée d'un mouchoir, et du côté du corridor aussi vous commencez à deviner quelque chose, l'épaisseur, l'opacité de la buée diminuant les formes des monts qui se détachent sur le ciel.

Mardi prochain, losque harassé par votre voyage en troisième classe vous aurez ouvert avec votre clé la porte de l'appartement, quinze place du Panthéon, vous trouverez Henriette en train de coudre à vous attendre, qui vous demandera comment s'est passé ce séjour, et vous lui répondrez: «Comme tous les autres.»
C'est alors qu'il vous faudra prendre garde de ne pas vous trahir, car elle vous observera terriblement, et sans doute il est vain d'espérer qu'elle

puisse croire cette phrase-là; ne le sait-elle pas déjà, que ce n'est pas un voyage comme les autres? Parviendrez-vous à lui masquer ce sourire de triomphe que vous aurez, à la laisser suffisament dans l'ignorance, dans l'incertitude de ce qui s'est passé exactement, de ce que vous aurez décidé? Il le faudra; il le faudrait; cela serait beaucoup plus sûr ainsi.

Mardi prochain, lorsque vous serez arrivé à Paris, quinze place du Panthéon, dès qu'elle vous aura vu elle saura que ses craintes, que vos désirs vont se réaliser; il ne sera pas besoin de le lui dire, il n'y aura pas moyen de le lui cacher, et à ce moment-là elle fera tout pour vous arracher des détails, elle vous demandera quand Cécile doit arriver, mais cela, vous ne le savez pas vous-même, vous ne le saurez pas encore à ce moment-là, vous lui direz que vous n'en savez rien, ce qui sera la vérité pure, mais justement elle ne vous croira pas, elle vous harcèlera de questions parlées ou muettes,et il n'y aura qu'un moyen pour vous d'en sortir, ce sera de lui expliquer point par point comment se sont passées les choses.

Il aurait mieux valu certes qu'elle n'en sût rien, qu'elle ne se doutât de rien avant l'arrivée de Cécile, mais comme elle saura déjà . . .

Mardi prochain, lorsque vous trouverez Henriette en train de coudre à vous attendre, vous lui direz avant même qu'elle vous ait demandé quoi que ce soit: «Je t'ai menti, comme tu t'en es bien douté; ce n'est pas pour la maison Scabelli que je suis allé à Rome cette fois-ci, et c'est en effet pour cette raison que j'ai pris le train de huit heures dix et non l'autre, le plus rapide, le plus commode, qui n'a pas de troisième classe; C'est uniquement pour Cécile que je suis allé à Rome cette fois-ci, pour lui prouver que je l'ai choisie définitivement contre toi, pour lui annoncer que j'ai enfin réussi à lui trouver une place à Paris, pour lui demander de venir afin qu'elle soit toujours avec moi, afin qu'elle me donne cette vie extraordinaire que tu n'as pas été capable de m'apporter et que moi non plus je n'ai pas su t'offrir; je le reconnais, je suis coupable à ton égard, c'est entendu, je suis prêt à accepter, à approuver tous tes reproches, à me charger de toutes les fautes que tu voudras si cela peut t'aider le moins du monde à te consoler, à atténuer le choc, mais il est trop tard maintenant, les jeux sont faits, je n'y puis rien changer, ce voyage a eu lieu, Cécile va venir; tu sais bien que je ne suis pas une si grande perte, ce n'est pas la peine de fondre en larmes ainsi . . .»

Mais vous savez bien qu'elle ne pleurera nullement, qu'elle se contentera de vous regarder sans proférer une parole, qu'elle vous laissera discourir sans vous interrompre, que c'est vous tout seul, par lassitude, qui vous arrêterez, et qu'à ce moment-là vous vous apercevrez que vous êtes dans votre chambre, qu'elle est déjà couchée, qu'elle est en train de coudre, qu'il est tard, que vous êtes fatigué de ce voyage, qu'il pleut sur la place ...

Mardi prochain, lorsque vous entrerez dans sa chambre, en effet vous lui raconterez tout ce voyage et vous lui direz: «J'étais allé à Rome pour prouver à Cécile que je la choisissais contre toi, j'y étais allé dans l'intention de lui demander de venir vivre avec moi définitivement à Paris ...»

Alors terrorisée s'élève en vous votre propre voix qui se plaint: ah, non, cette décision que j'avais eu tant de mal à prendre, il ne faut pas la laisser se défaire ainsi; ne suis-je donc pas dans ce train, en route vers Cécile merveilleuse? ma volonté et mon désir étaient si forts ... Il faut arrêter mes pensées pour me ressaisir et me reprendre, rejetant toutes ces images qui montent à l'assaut de moi-même.

Mais il n'est plus temps maintenant, leurs chaînes solidement affermies par ce voyage se déroulent avec le sûr mouvement même du train, et malgré tous vos efforts pour vous en dégager, pour tourner, votre attention ailleurs, vers cette décision que vous sentez vous échapper, les voici qui vous entraînent dans leurs engrenages.

Celui que vous appelez Pierre, et dont vous n'avez pas eu le temps tout à l'heure de voir le véritable nom sur son passeport, ne regarde plus à travers la vitre, car on entre dans un tunnel et le bruit de la longue machine qui vous emporte redevient sourd comme s'il se formait dans votre propre corps; au-delà de la fenêtre on ne voit plus que le reflet brouillé de ces objets et ces visages.

Vocabulaire

3 **Pierre** — nom que donne Delmont au jeune marié dans son compartiment
5 **une opacité** — état qui ne laisse pas traverser la lumière; contr.: transparence
26 **harceler** — importuner; torturer
46 **atténuer** — diminuer
51 **proférer** — prononcer
51 **discourir** — parler abondamment
52 **la lassitude** — fatigue mêlée d'ennui, de découragement
61 **terroriser** — effrayer; inquiéter
67 **affermir** — consolider; renforcer
71 **un engrenage** — enchaînement de circonstances ou d'actes, qui prend un caractère mécanique
77 **brouiller** — déformer

Analyse du texte

1. Découvrez la structure de ce texte
2. Expliquez la construction des segments au futur. — Indiquez et discutez les idées centrales de chaque séquence.

3. Comparez les quatre versions de Léon Delmont concernant son discours projeté avec Henriette et critiquez (jugez) la particularité de la dernière.
4. Supposez les conséquences de ses réflexions embarrassantes sur le résultat de ce voyage. – Justifiez votre hypothèse.

Sujet complémentaire

Dans tous les textes de ‹La Modification› que vous avez analysés jusqu'ici, vous avez constaté des unités au présent se référant aux faits extérieurs du voyage de Léon Delmont.
– Qu'est-ce que ces unités doivent représenter?
– De quelle manière est-ce qu'elles sont disposées? – Analysez p. ex. la suite des gares citées dans les extraits.

Texte 11:

La fin du roman

(pp. 233–236)

Sur le tapis de fer chauffant vous considérez vos souliers tout marqués de balafres grises.

Et maintenant dans votre tête résonne cet ‹adieu Cécile›, les larmes vous montant aux yeux de déception, vous disant: comment pourrai-je jamais lui faire comprendre et me pardonner le mensonge que fut cet amour, sinon peut-être par ce livre dans lequel elle devrait apparaître dans toute sa beauté, parée de cette gloire romaine qu'elle sait si bien réfléchir.

Ne vaudrait-il pas mieux conserver entre ces deux villes leur distance, toutes ces gares, tous ces paysages qui les séparent? Mais en plus des communications normales par lesquelles chacun pourrait se rendre de l'une à l'autre quand il voudrait, il y aurait un certain nombre de points de contact, de passages instantanés qui s'ouvriraient à certains moments déterminés par des lois que l'on ne parviendrait à connaître que peu à peu.

Ainsi le personnage principal se promenant aux alentours du Panthéon parisien pourrait un jour, tournant à l'angle d'une maison bien connue, se trouver soudain dans une rue toute différente de celle à laquelle il s'attendait, dans une lumière tout autre, avec des inscriptions dans une autre langue qu'il reconnaîtrait comme de l'italien,

lui rappelant une rue qu'il a traversée déjà, s'identifiant bientôt comme une de ces rues aux alentours du Panthéon romain, et la femme qu'il

rencontrerait là, il comprendrait que pour la retrouver il lui suffirait d'aller à Rome comme n'importe qui peut y aller n'importe quand pourvu qu'il ait l'argent et le loisir, en prenant le train par exemple, en y consacrant le temps, en passant par toutes les stations intermédiaires; et de même cette femme romaine de temps en temps passerait à Paris; ayant longuement voyagé pour la retrouver il s'apercevrait qu'involontairement sans doute elle est parvenue au lieu même qu'il vient de quitter, recevant une lettre d'un ami la décrivant par exemple, de telle sorte que tous les épisodes de leur amour seraient conditionnés non seulement par les lois de ces relations entre Rome et Paris, lois qui pourraient être légèrement différentes pour chacun d'eux, mais aussi par le degré de connaissance qu'ils en auraient.
Cette jeune femme que vous appeliez Agnès, dont vous ignorez tout, jusqu'au nom, dont vous ne connaissez que le visage et la destination, Syracuse, rentre dans le compartiment, s'assied auprès de son mari, suit des yeux les vespas qui se croisent devant la sombre muraille d'Aurélien qui s'éloigne cachée par les remblais, par les immeubles du quartier de la piazza Zama.
Le train s'enfonce entre les murs, sous le pont de la via Appia Nuova.

Passe la gare de Roma Tuscolana. Un homme entre sa tête par la porte et regarde de part et d'autre comme pour vérifier s'il n'a pas oublié quelque chose (peut-être celui qui pendant quelques heures cette nuit était assis sur cette place vide en face de vous et dont vous n'avez même pas pu regarder le visage, baigné qu'il était dans l'obscurité, enfoncé que vous étiez dans votre mauvais sommeil, dans le déroulement lacérant de vos mauvais rêves, dans la gestation, la germination lente et cruelle de ces questions qui vous déchirent ce matin, dans ce vertige et cet effroi qui vous prenaient devant le vide s'ouvrant, cette faille de plus en plus large et profonde à partir du moment de votre arrivée dans quelques instants, solide bord, seul sol qui demeurât certain, cette faille où s'engloutissaient peu à peu toutes les constructions que vous aviez faites).

Tout vous était nouveau dans cette nuit du printemps romain comme vous reveniez vers l'hôtel Croce di Malta.
Il n'y avait encore ni Metropolitana, ni trolleybus, ni scooters, seulement des tramways, des taxis aux lignes verticales et quelques calèches.
Henriette riait comme vous des ecclésiastiques jeunes et vieux qui se promenaient par bandes avec leurs ceintures de couleur.
Le guide bleu dans votre main encore tout neuf, qui est devenu de plus en plus inexact, que vous apportiez avec vous à chaque voyage jusqu'au moment où vous avez pris l'habitude de voir Cécile et de vous servir du

sien, ce guide que vous avez laissé dans la petite bibliothèque romaine près de la fenêtre, quinze place du Panthéon,
infatigables tous les deux (dans votre chambre le matin tandis que vous vous rasiez, tandis qu'elle se coiffait, vous vous répétiez les phrases de l'Assimil),
vous êtes allé au Vatican le lendemain, tournant autour des murailles de la cité, vous esclaffant devant les bondieuseries des boutiques, parcourant rapidement les galeries encombrées de mauvaises statues antiques ou des présents des souverains modernes,
vous caressiez des yeux les gens, les rues, les monuments, persuadés tous les deux, qu'il ne s'agissait là que d'une première mise en contact.
Puis après quelques très rapides journées de cette déambulation délicieuse, injuriant tous les deux doucement en plein accord les innombrables uniformes que vous rencontriez à chaque détour, il a fallu reprendre le chemin de l'ancienne minable crasseuse Stazione Termini tout à fait indigne de Rome, et comme le train s'ébranlait, vous lui murmuriez: «Dès que nous le pourrons, nous reviendrons.»

Un autre homme passe la tête par la porte et regarde des deux côtés (peut-être est-ce celui-ci qui était assis pendant quelques heures sur la banquette auprès de ce jeune marié).
Vous dites: je te le promets, Henriette, dès que nous le pourrons, nous reviendrons ensemble à Rome, dès que les ondes de cette perturbation se sèront calmées dès que tu m'auras pardonné; nous ne serons pas si vieux.
Le train s'est arrêté; vous êtes à Rome dans la moderne Stazione Termini.
Il fait encore nuit noire.
Vous êtes seul dans le compartiment avec les deux jeunes époux qui ne descendent pas ici, qui s'en vont jusqu'à Syracuse.
Vous entendez les cris des porteurs, les sifflets, les halètements, les crissements des autres trains.
Vous vous levez, remettez votre manteau, prenez votre valise, ramassez votre livre.
Le mieux, sans doute, serait de conserver à ces deux villes leurs relations géographiques réelles,
et de tenter de faire revivre sur le mode de la lecture cet épisode crucial de votre aventure, le mouvement qui s'est produit dans votre esprit accompagnant le déplacement de votre corps d'une gare à l'autre à travers tous les paysages intermédiaires,
vers ce livre futur et nécessaire dont vous tenez la forme dans votre main.
Le couloir est vide. Vous regardez la foule sur le quai. Vous quittez le compartiment.

Vocabulaire

2 **la balafre** — entaille; coupure
12 **instantané, e** — immédiat
38 **le remblai** — terre rapportée à un endroit formant une butte, un talus (Bahndamm)
46 **lacérer** — déchirer; ruiner; ici: épuiser
47 **la gestation** — élaboration secrète qui prépare la mise à jour de qqch.
47 **la germination** — action de germer, d'apparaître, de naître
48 **le vertige** — étourdissement; égarement d'esprit
48 **un effroi** — grande peur; horreur
49 **la faille** — fente; fossé
51 **s'engloutir** — disparaître; être absorbé
55 **le scooter** — moto
56 **la calèche** — voiture à cheval, découverte, à quatre roues
68 **s'esclaffer** — éclater de rire
68 **la bondieuserie** — objet de piété de mauvais goût
71 **caresser des yeux** — regarder affectueusement, tendrement
73 **la déambulation** — promenade sans but précis, selon sa fantaisie
74 **injurier** — offenser par des insultes
76 **minable** — très médiocre; misérable
76 **crasseux, se** — très sale
89 **le sifflet** — bruit court à son aigu
89 **les halètements** — souffle, bruit que fait la vapeur en sortant de la cheminée de la locomotive
89 **le crissement** — bruit aigu produit par un frottement des objets; grincement; p. ex. le crissement des pneus

Analyse du texte

1. Prouvez dans le texte l'echec du voyage de Léon Delmont.
2. Si vous désiriez la (i. e. Cécile) faire venir à Paris, c'était dans le dessein de vous rendre par son intermédiaire Rome présente tous les jours; mais il se trouve que dans sa venue en ce lieu de votre vie quotidienne, elle perd ses pouvoirs d'intermédiaire, elle n'apparaît plus que comme une femme parmi les autres, une nouvelle Henriette avec laquelle, dans cette espèce de substitut du mariage que vous aviez l'intention d'instaurer, des difficultés de la même sorte apparaîtraient, mais pires à cause de l'absence perpétuellement rappelée de cette cité qu'elle devait rapprocher. (M. Butor: La Modification, p. 276)

   Ce petit texte doit encore compléter l'impression d'impossibilité quant à l'intention du protagoniste.
   - En quoi la particularité de Rome consiste-t-elle?
   - Qu'est-ce que Paris d'une part et Rome de l'autre représentent pour Léon Delmont?

3. Vérifiez que Delmont a également vécu avec Henriette la fascination extraordinaire de Rome.
4. Pourquoi est-ce que le protagoniste décide finalement de ne pas emmener Cécile à Paris?
5. Comme le voyage n'a rien changé dans la vie de Delmont, on peut supposer qu'il a été inutile. – Qu'en pensez-vous?
6. Caractérisez ce dernier texte de ‹La Modification› en ce qui concerne sa valeur informative. – N'oubliez pas de considérer les lignes 96–98.
7. Quels sont les rapports entre le début et la fin de ‹La Modification›?

Sujets complémentaires

1. Le livre que Delmont a acheté avant de monter dans le train et dont on n'apprend jamais le titre est mentionné de temps en temps. –
   – Quelle est la fonction de ce livre?
   – Qu'est-ce qu'on peut supposer du sujet?
2. Discutez la signification du titre de ce roman.
3. Comparez la fin des deux romans et recherchez des différences et des points communs.
4. Essayez de transformer le début de ‹La Modification› en une introduction pour un roman traditionnel.
5. Résumez les caractéristiques du roman de Butor et commentez-les avec des exemples pris des différents extraits.

Texte 12: Michel Butor: L'usage des pronoms personnels dans le roman[1]

La seconde personne

C'est ici qu'intervient l'emploi de la seconde personne, que l'on peut caractériser ainsi dans le roman: celui à qui l'on raconte sa propre histoire.

C'est parce qu'il y a quelqu'un à qui l'on raconte sa propre histoire, quelque chose de lui qu'il ne connaît pas, ou du moins pas encore au niveau du langage, qu'il peut y avoir un récit à la seconde personne, qui sera par conséquent toujours un récit «didactique».

Ainsi, chez Faulkner, on trouve des conversations, des dialogues, où certains personnages racontent aux autres ce que ceux-ci ont fait dans leur

---

[1] ce texte est tiré de Répertoire II, Paris 1964, (pp. 66–67)

enfance et qu'eux-mêmes ont oublié ou dont ils n'ont jamais eu qu'une conscience très partielle.

Nous sommes dans une situation d'enseignement: ce n'est plus seulement quelqu'un qui possède la parole comme un bien inaliénable, inamovible, comme une faculté innée qu'il se contente d'exercer, mais quelqu'un à qui l'on donne la parole.

Il faut par conséquent que le personnage en question, pour une raison ou pour une autre, ne puisse pas raconter sa propre histoire, que le langage lui soit interdit, et que l'on force cette interdiction, que l'on provoque cette accession. C'est ainsi qu'un juge d'instruction ou un commissaire de police dans un interrogatoire rassemblera les différents éléments de l'histoire que l'acteur principal ou le témoin ne peut ou ne veut lui raconter, et qu'il les organisera dans un récit à la seconde personne pour faire jaillir cette parole empêchée: «Vous êtes rentré de votre travail à telle heure, nous savons par tel et tel recoupement qu'à telle heure vous avez quitté votre domicile, qu'avez-vous fait entre les deux?», ou bien: «Vous nous dites que vous avez fait ceci, mais c'est impossible pour telle et telle raison, vous avez donc dû faire cela ...»

Si le personnage connaissait entièrement sa propre histoire, s'il n'avait pas d'objection à la raconter ou se la raconter, la première personne s'imposerait: il donnerait son témoignage. Mais s'il s'agit de le lui arracher, soit parce qu'il ment, nous cache ou se cache quelque chose, soit parce qu'il n'a pas tous les éléments, ou même, s'il les a, qu'il est incapable de les relier convenablement. Les paroles prononcées par le témoin se présenteront comme des îlots à la première personne à l'intérieur d'un récit fait à la seconde, qui provoque leur émersion.

Ainsi, chaque fois que l'on voudra décrire un véritable progrès de la conscience, la naissance même du langage ou d'un langage, c'est la seconde personne qui sera la plus efficace.

A l'intérieur de l'univers romanesque, la troisième personne «représente» cet univers en tant qu'il est différent de l'auteur et du lecteur, la première «représente» l'auteur, la seconde le lecteur; mais toutes ces personnes communiquent entre elles, il se produit des déplacements incessants.

Vocabulaire

13 **inaliénable** — qu'on ne perd jamais; qu'on garde toujours; p. ex. les droits de l'homme (unveräußerlich)
13 **inamovible** — qui durera toute la vie; éternel
14 **inné, e** — que l'on a dès la naissance
18 **forcer** — faire céder; rompre
19 **une accession** — action de s'approcher
23 **faire jaillir** — faire sortir; trouver

24 **le recoupement** — renseignements de sources différentes qui permettent d'établir un fait
29 **une objection** — argument que l'on oppose à une proposition
30 **s'imposerait** — serait prescrite
30 **arracher** — prendre de force
33 **relier** — réunir; joindre
33 **convenablement** — d'une manière correcte, adéquate
34 **un îlot** — petite île
35 **une émersion** — apparition
40 **en tant que** — insofern
42 **incessant, e** — qui ne cesse pas; perpétuel; continuel

Analyse du texte

1. Indiquez des situations concrètes où s'impose la seconde personne. — Caractérisez ces situations.
2. Pourquoi est-ce que la seconde personne est utilisée devant le tribunal?
3. Pourquoi un récit à la seconde personne est-il toujours un récit didactique?

Sujets complémentaires

1. Qu'est-ce que l'emploi de la seconde personne provoque chez le lecteur? — A quoi est-ce qu'il assiste?
2. Supposez: quelles pourraient être les intentions de Butor en écrivant un roman à la seconde personne?
3. Expliquez la fonction et la valeur des autres pronoms personnels dans un roman.

Texte 13:

Pierre-A. G. Astier:

Nouveau Roman et phénoménologie[1]

Du même coup s'explique l'importance qu'accordent aux «choses» les nouveaux romanciers. Se placer au point de vue d'une conscience qui est toujours conscience de quelque chose, c'est être en effet nécessaire-

[1] Extrait de: Pierre-A. G. Astier: La Crise du roman français et le nouveau réalisme (Essai de synthèse sur les nouveaux romans), © Nouvelles Editions DEBRESSE - Paris 1969, pages 301 et 302.

ment conduit à décrire toutes les choses (perçues, imaginées, senties ou conçues) sans lesquelles, à aucun moment, la conscience ne saurait exister, y compris, bien sûr, celles dont la description minutieuse est considérée par tant d'adversaires du nouveau réalisme comme venant interrompre la suite dramatique du récit, sans avoir (selon eux) l'excuse d'être nécessaire à l'évocation du milieu physique ou à la compréhension psychologique des personnages: au point de vue intellectualiste et essentialiste de la raison (...), il se peut en effet que de telles descriptions soient jugées déraisonnables, non sélectives, de trop; mais au point de vue phénoménologique et existentiel de la conscience, elles sont évidemment indispensables, puisqu'elles portent sur les parties intégrantes de la réalité totale vue et vécue par les personnages. Autrement dit, décrire ainsi les choses en tant que phénomènes constituant la conscience du personnage qui les perçoit, les imagine, les sent ou les conçoit, c'est révéler le personnage lui-même, car sa façon de percevoir, d'imaginer, de sentir ou de concevoir les choses, est très précisément sa manière d'être au monde; et cela, quelles que soient les choses qui l'occupent, car (suivant le principe, non pas de l'analyse psychologique classique, mais de la psychanalyse existentielle) l'homme «est une totalité et non pas une collection», et, conséquemment, il «s'exprime tout entier dans la plus insignifiante et la plus superficielle de ses conduites[2] ...»

Vocabulaire

1 **du même coup** — en même temps; à la même occasion
4 **perçu, e** — distingué; discerné; ici: vu
5 **conçu, e** — imaginé; inventé
9 **une évocation** — action de rendre à l'esprit, de rappeler
12 **selectif, ve** — qui constitue un choix
24 **la conduite** — façon d'agir; attitude; comportement

Analyse du texte

1. Indiquez les conséquences pour l'auteur quand il se place au point de vue d'une conscience.
2. Caractérisez la description phénoménologique.
3. Expliquez les deux phrases de Sartre:
   l. 22: l'homme «c'est une totalité et non pas une collection».
   l. 23–24: «il s'exprime tout entier dans la plus insignifiante et la plus superficielle de ses conduites».

---

[2] Jean-Paul Sartre: L'Etre et le néant, Gallimard, 1943, p. 656

Sujets complémentaires

1. Prouvez que Butor réalise dans ‹La Modification› la méthode phénoménologique. – Décrivez la parenté du Nouveau Roman avec cette orientation philosophique.
2. Analysez le ‹monologue intérieur› par rapport à la perspective phénoménologique.
3. En quoi est-ce que le récit de Butor diffère-t-il de celui de Balzac? – Considérez les déclarations de Sartre.
4. Informez-vous sur la phénoménologie en lisant dans Husserl ou Merleau-Ponty.

Texte 14:

Alain Robbe-Grillet, Extrait de

„Nouveau Roman, homme nouveau",

paru dans l'ouvrage «Pour un nouveau roman»

On nous disait: «Vous ne campez pas de personnage, donc vous n'écrivez pas de vrais romans», «vous ne racontez pas une histoire, donc vous n'écrivez pas de vrais romans», «vous n'étudiez pas un caractère, ni un milieu, vous n'analysez pas les passions, donc vous n'écrivez pas de vrais romans», etc.

Mais nous, au contraire, qu'on accuse d'être des théoriciens, nous ne savons pas ce que doit être un roman, un vrai roman; nous savons seulement que le roman d'aujourd'hui sera ce que nous le ferons, aujourd'hui, et que nous n'avons pas à cultiver la ressemblance avec ce qu'il était hier, mais à nous avancer plus loin.

(...) Comme il n'y avait pas, dans nos livres, de «personnages» au sens traditionnel du mot, on en a conclu, un peu hâtivement, qu'on n'y rencontrait pas d'hommes du tout. C'était bien mal les lire. L'homme y est présent à chaque page, à chaque ligne, à chaque mot. Même si l'on y trouve beaucoup d'objets, et décrits avec minutie, il y a toujours et d'abord le regard qui les voit, la pensée qui les revoit, la passion qui les déforme. Les objets de nos romans n'ont jamais de présence en dehors des perceptions humaines, réelles ou imaginaires; ce sont des objets comparables à ceux de notre vie quotidienne, tels qu'ils occupent notre esprit à tout moment. (...)

Comme il y avait beaucoup d'objets dans nos livres, et qu'on leur trouvait quelque chose d'insolite, on a bien vite fait un sort au mot «objectivité», prononcé à leur sujet par certains critiques dans un sens pourtant très spécial: tourné vers l'objet. Pris dans son sens habituel — neutre, froid, impartial, — le mot devenait une absurdité. Non seulement c'est un homme qui, dans mes romans par exemple, décrit des choses, toute chose, mais c'est le moins neutre, le moins impartial des hommes: engagé au contraire toujours dans une aventure passionnelle des plus obsédantes, au point de déformer souvent sa vision et de produire chez lui des imaginations proches du délire.

Aussi est-il aisé de montrer que mes romans — comme ceux de tous mes amis — sont plus subjectifs même que ceux de Balzac, par exemple. Qui décrit le monde dans les romans de Balzac? Quel est ce narrateur omniscient, omniprésent, qui se place partout en même temps, qui voit en même temps l'endroit et l'envers des choses, qui suit en même temps les mouvements du visage et ceux de la conscience, qui connaît à la fois le présent, le passé et l'avenir de toute aventure? Ça ne peut être qu'un Dieu. C'est Dieu seul qui peut prétendre être objectif. Tandis que dans nos livres, au contraire, c'est un homme qui voit, qui sent, qui imagine, un homme situé dans l'espace et le temps, conditionné par ses passions, un homme comme vous et moi. Et le livre ne rapporte rien d'autre que son expérience, limitée, incertaine. C'est un homme d'ici, un homme de maintenant, qui est son propre narrateur, enfin. (. . .)

Les significations du monde, autour de nous, ne sont plus que partielles, provisoires, contradictoires même, et toujours contestées. Comment l'œuvre d'art pourrait-elle prétendre illustrer une signification connue d'avance, quelle qu'elle soit? (. . .)

Avant l'œuvre, il n'y a rien, pas de certitude, pas de thèse, pas de message. Croire que le romancier a «quelque chose à dire», et qu'il cherche ensuite comment le dire, représente le plus grave des contresens. Car c'est précisément ce «comment», cette manière de dire, qui constitue son projet d'écrivain, projet obscur entre tous, et qui sera plus tard le contenu douteux de son livre. C'est peut-être, en fin de compte, ce contenu douteux d'un obscur objet de forme qui servira le mieux la cause de la liberté.

Vocabulaire

1 **camper** — décrire; caractériser
9 **cultiver** — ici: garder: perfectionner
15 **avec minutie** — détaillé; en détail; soigneusement
22 **insolite** — qui étonne, surprend; bizarre; étrange; inhabituel
22 **faire un sort** — mettre en valeur
25 **impartial, e** — qui est juste; objectif

28 **obséder** — poursuivre; hanter; tourmenter
35 **un envers** — aspect caché; inconvénient
40 **conditionné, e** — influencé; determiné dans ses faits et gestes
45 **contesté, e** — mis en discussion, en question
50 **le contresens** — signification contraire à la signification véritable

Analyse du texte

1. Structurez ce texte et trouvez des titres à chaque unité.
2. Vérifiez les aspects de Robbe-Grillet en recourant aux textes traités de M. Butor.
3. Comparez les déclarations de Robbe-Grillet avec vos résultats. – Donnez chaque fois des exemples pour concrétiser votre idée.

Sujet complémentaire

Formulez des thèses concernant le changement de la technique du roman français.

Considérez:
1. La perspective narrative
2. La description
3. La considération du lecteur
4. L'intention de l'auteur

01.23.35***

imi

Modelle für den neusprachlichen Unterricht Französisch

Herausgegeben von Jürgen Olbert

Changement de la technique du roman français ou roman traditionnel - Nouveau Roman

zusammengestellt von Rainer Nozinski

Lehrerbegleitheft

Verlag Moritz Diesterweg

Frankfurt am Main · Berlin · München

480

ISBN 3-425-00480-8

Inhaltsübersicht

1. Vorbemerkung

Die nachfolgenden Informationen und didaktisch-methodischen Überlegungen beziehen sich auf die berücksichtigten Texte wie auf die Gesamtkonzeption der Unterrichtsreihe zum Thema: *‹Changement de la technique du roman français ou roman traditionnel — Nouveau Roman›*.
Mit diesen Hinweisen bzw. essentiellen Sekundärinformationen sollen dem Lehrer, der den modernen französischen Roman mit dem traditionellen Roman Balzacs kontrastiv vergleichen will, entscheidende interpretatorische Charakteristika der gewählten Romane (und der theoretischen Texte) vermittelt und ein denkbarer Unterrichtsentwurf vorgeführt werden.
Diese Unterrichtsreihe beabsichtigt nicht, die Integraltexte detailliert zu analysieren, um ihr spezielles Verständnis zu vertiefen; beide Romane sollen vielmehr einen Romantyp stellvertreten und die unterschiedlichen auktorialen Intentionen bzw. Darstellungsweisen demonstrieren.

2. Erläuterungen zum Thema der Unterrichtsreihe

Zwei Romantypen: der traditionelle oder klassische Roman [1], vertreten durch ‚Le Père Goriot' von Honoré de Balzac sowie der Nouveau Roman, repräsentiert durch ‚La Modification' von Michel Butor sollen komparativ (Tertia Comparationis) betrachtet werden.
Anhand ausgewählter Textstellen sollen die Schüler wesentliche Charakteristika der exemplarischen Romane und damit implizit die ‚Wandlung in der Technik des französischen Romans' induktiv erarbeiten. Die Ergebnisse dieser induktiven Findung von typischen Merkmalen des jeweiligen Romantyps sollen mit einem theoretischen Text von Alain Robbe-Grillet [2] konfrontiert werden, in dem einige Unterscheidungskriterien polemisch hervorgehoben werden: die Aufsätze von Butor und Astier sind als Interpretationshilfen gedacht, um das Verständnis spezifischer Phänomene des Butorschen Romans zu erleichtern.

---

[1] Diese Bezeichnungen werden von den Nouveaux Romanciers und ihren Kritikern dem Terminus ‚bürgerlich-realistisch', der bis Mitte der 50er Jahre in der Sekundärliteratur dominierte, bevorzugt.
[2] Alain Robbe-Grillet: Nouveau Roman, homme nouveau in: la Revue de Paris, September 1961.

Obwohl so wesentliche Gesichtspunkte wie z. B. die Erzählperspektive oder die Textfunktion[3] in dieser Unterrichtsreihe behandelt werden können, müssen leider andere kardinale Aspekte, die eine Analyse der Integraltexte erforderten, wie die Auflösung der Fabel oder die Preisgabe des agierenden, d. h. aktiven Helden unberücksichtigt bleiben.
Ziel dieser Reihe ist u. a., die Schüler an wissenschaftliche Arbeitsweisen heranzuführen, kritisches, distinguierendes Lesen zu schulen und notwendige interpretatorische Fertigkeiten einzuüben.

[3] Ich nenne ‚Textfunktion' die Bedeutung, die der Inhalt oder das Erzählte für den Autor bzw. für den Leser besitzt.

3. Honoré de Balzac: Le Père Goriot

Goriot, ein ehemals reicher Nudelfabrikant, der es durch Spekulationseinkäufe während der Revolution zu Reichtum und Ansehen gebracht hat, lebt als etwa 70jähriger in einer schäbigen Pension, die Madame Vauquer in der Rue Neuve-Sainte-Geneviève führt. In dieser Pension treffen grundverschiedene Charaktere aufeinander. Außer Goriot wohnen z. B. Eugène de Rastignac, ein ehrgeiziger Jurastudent und der undurchsichtige Zyniker Vautrin, der sich des mittellosen Studenten aus der Provinz annimmt und ihn moralische Bedenkenlosigkeit als einzigen Weg zum sozialen Aufstieg in der korrupten Gesellschaft von Paris lehrt.
Goriot hat aus blinder, abgöttischer Liebe zu seinen beiden Töchtern, die beide – Anastasie, jetzt Gräfin de Restaud und Delphine, jetzt Baronin und Gattin des Großbankiers Nucingen – in die vornehme Gesellschaft eingeheiratet haben, nach und nach sein ganzes Vermögen für sie hingegeben.
Rastignac, durch seine Liaison mit der Baronin Nucingen, einer Tochter Goriots, findet in den Salons der adligen Welt reichlich Gelegenheit, hinter die Kulissen der glänzenden und aufwendigen Fassaden zu blicken. Er und sein Freund, der junge Medizinstudent Bianchon, müssen schließlich zusehen, wie die herzlosen Töchter Goriots aus dem verarmten Vater, der inzwischen im schlechtesten Zimmer unter dem Dach haust, noch den letzten Sou für ihre Vergnügungen herauspressen. Auf dem Sterbebett – sein Tod gehört zu den ergreifendsten Partien der ‚Comédie humaine'[1] – wartet Goriot vergeblich auf seine Töchter, denen gegenüber er sich selbst

[1] Unter diesem Titel faßte Balzac fast 90 Romane zusammen.

noch im Angesichts des Todes wie ein Liebhaber benimmt: «Oh! les voir! je vais les voir, entendre leur voix. Je mourrai heureux. Eh bien, oui, je ne demande plus à vivre ... Mais les voir, toucher leurs robes, ah! rien que leurs robes, ...».[2]

Balzac (1799—1850) erzählt in diesem Roman, den er 1835 veröffentlichte und lieber als ‚Drama' oder ‚Tragödie' kennzeichnet[3] — u. a., um den Leser für die Geschichte zu interessieren, da ja der Roman als Trivialliteratur verpönt war —, die Fabel von einem verlassenen Vater und seiner halb als Mysterium, halb als Laster gezeichneten ungelohnten Liebe zu seinen Töchtern.[4] Eingebettet in diese Fabel — der Leser wird behutsam mit der Zeit, dem Ort und den Personen des Erzählgegenstandes vertraut gemacht[5] — ist das Debüt des jungen Rastignac in der von Geld beherrschten Pariser Welt und Vautrins haßbestimmte Revolte gegen diese Gesellschaft, in der Reichtum für Tugend gilt. Alle drei Hauptpersonen werden in extremen Situationen dargestellt.

Aus der ‚vision par derrière', der allwissenden, kommentierenden Erzählperspektive, versucht Balzac mittels Andeutung, Rückgriff und Raffung, die Spannung des Lesers zu beeinflussen. Der Beschreibungsstil veranlaßt zu ähnlichen Aussagen. Es geht dem Autor nicht um nebensächliche Fakten, noch um eine belanglose und zufällige Auswahl von Erzählinhalten, er ist vielmehr bemüht, die für den dramatischen Verlauf der Intrige unerläßlichen Informationen leserwirksam zu vermitteln.

Eine weitere Eigenart bezieht sich auf die wechselseitige Konditionierung von Personen und ihrer Umwelt[6]. Ehe Balzac eine Person porträtiert, beschreibt er ausführlich ihre alltägliche Umgebung. In seinen Romanen offenbart jeder Mensch aufgrund seiner Wohnung, des Mobilars, seiner Kleidung die materielle Basis über die er verfügt: «L'homme ... tend à représenter ses mœurs, sa pensée et sa vie dans tout ce qu'il approprie à ses besoins,» (Balzac) oder «Après le cadre, le portrait. Le réalisme de Balzac consiste (...) à aborder ses personnages de l'extérieur, à nous en faire d'abord un portrait physique détaillé. Leurs vêtements, leur visage, leur comportement révèlent leur caractère, leurs vices ou leurs passions.»[7]

Die Illusion, die der Autor durch die mimetische Darstellung der Welt

---

[2] Le Père Goriot S. 320 (zitierte Ausgabe: Le Livre de Poche, Paris 1972)

[3] Le Père Goriot S. 93

[4] vgl. Kindlers Lexikon der Literatur, Bd. V, München 1969, S. 1678—1680

[5] siehe Klaus Netzer: Der Leser des Nouveau Roman, Frankfurt 1970, S. 51

[6] diesbezügliche Bemerkungen finden sich auch bei Werner Arnold: Fachdidaktik Französisch, Stuttgart 1973, S. 230

[7] Lagarde/Michard: XIXe siècle — Les grands auteurs français du programme, Paris 1969, S. 306

in seinen Romanen zu erreichen strebt, findet bei Auerbach eine treffende Erklärung: „Die ganze Beschreibung, ..., wendet sich an die nachbildende Phantasie des Lesers, an Erinnerungsbilder von ähnlichen Personen, die er gesehen haben mag." [8]

[8] Erich Auerbach: Mimesis, Bern 1964, S. 437 f. — vgl. zusätzlich: Pierre de Boisdeffre: Où va le roman, Paris 1962, S. 72

4. Michel Butor: La Modification

Léon Delmont, 45jähriger Direktor der italienischen Schreibmaschinenfirma Scabelli, beabsichtigt, seine Frau und seine vier Kinder zu verlassen, um die junge Witwe, Cécile Darcella, die an der französischen Botschaft in Rom arbeitet, zu heiraten. Mit diesem Entschluß besteigt er den Zug Paris-Rom, wird aber, ohne seine Freundin besucht zu haben, nach Paris zurückkehren.
Der Roman Butors, der diese Bewußtseinsänderung Delmonts während der fast 22stündigen Bahnfahrt beschreibt, beginnt nicht mit der dekorbildenden Einstimmung in die fiktive Welt; — der Leser befindet sich sofort in mediis rebus. Dieser Informationsmangel soll die Zerstörung der Illusion (mimetische Welt) leisten, an deren Stelle „die schöpferische Beteiligung des Lesers am Romangeschehen tritt" [1], d. h., in erster Linie müssen Textsignale (wie z. B. ‚blancs' [2]) gefunden werden; denn «loin d'être une simple formule de fabrication, la structure découverte, mise à jour, est significative; elle est même ce qu'il y a de plus révélateur dans l'œuvre». [3]
Vergeblich sucht der Leser in ‚La Modification' eine Fabel im Sinne einer linearen Erzählung. Die mit der Fabel verbundene Kontinuität der Erzählung macht hier einer mehr fragmentarischen Erzählweise Platz. Durch die spezifische Sprechsituation: ‚vision avec et dedans' werden Bewußtseinsvorgänge (wie im ‚monologue intérieur') Delmonts während

[1] Klaus Netzer, a.a.O. S. 32 oder S. 20 ebenso Herbert Christ: Der ‚nouveau roman' als Problem der Fachdidaktik, in NM 2—70 —
Ingrid Buchloh: Der Nouveau Roman im deutschen Gymnasium, in: Die Neueren Sprachen 1970, S. 159
Harald Weinrich: Für eine Literaturgeschichte des Lesers, Merkur, Jg. 21, Heft 7, Juli 1967, S. 1038
[2] damit sind die Zeilensprünge (Absätze) im Text gemeint.
[3] Jean Roudaut: Michel Butor ou Le Livre Futur, Paris 1964, S. 19

dessen Romfahrt reproduziert. Diese Bewußtseinsvorgänge geben die mehrschichtigen Erinnerungen und Zukunftsvisionen des passiven Helden – Delmont ist niemals Autor einer zentralen Handlung – wieder, die systematisiert mit Segmenten der objektiven Erzählgegenwart (konkrete Beobachtungen im Zugabteil z. B.) wechseln. Mit diesem Verfahren erreicht Butor die Gleichzeitigkeit des Erzählens mit dem Erzählten. Ungewöhnlich ist dabei, daß, obwohl aus der Perspektive Delmonts erzählt wird, dieser jeweils mit ‚vous' angeredet wird. „Das ‚vous' bezeichnet die Aufspaltung des Protagonisten in ein angesprochenes und ein sprechendes Ich. Beide Ich bleiben jedoch erzähltechnisch aneinander gebunden, da der Erzähler ja kein anderer ist als das Ich der Hauptfigur. Das ‚vous' impliziert also Trennung und Verhaftung zugleich. In dieser Doppelpoligkeit besteht das sprachliche wie auch das erzähltechnische Raffinement des vous-Gebrauchs in diesem Roman." [4]

Es bleibt noch die äußerst minuziöse Beschreibung selbst trivialer Gegenstände zu erwähnen, die Delmont in seinem Zugabteil vorfindet. „Diese Entfremdung wird noch verstärkt durch die Diskrepanz zwischen der genauen Beschreibung der Dinge und ihrer ungenauen Informationsleistung für den Handlungsverlauf." [5] Die Objekte sind nichts weiteres als optische Widerstände; sie sind einfach da, ohne erkennbare Bedeutung für den Menschen [6], Zeichen der Komplexheit dieser Welt.

5. Didaktisch-methodische Vorüberlegungen zur Gesamtkonzeption der Unterrichtsreihe

5.1. Überlegungen zur Wahl des Themas

Auffallend ist, daß in den gegenwärtigen Curricula für Französisch bei der Behandlung epischer Texte Autoren des 20. Jahrhunderts dominieren; so u. a. auch die drei bedeutendsten Nouveaux Romanciers: M. Butor, A. Robbe-Grillet und N. Sarraute, zu deren kritischen Reflexion jedoch das Verständnis des traditionellen, klassischen Romans unentbehrlich ist.

---

[4] Klaus Netzer a.a.O. S. 79

[5] Klaus Netzer a.a.O. S. 53

[6] siehe Netzer a.a.O. S. 53 bzw. Alain Robbe-Grillet: Pour un Nouveau Roman, Paris 1963, S. 65 bzw. Roland Barthes: Am Nullpunkt der Literatur, Hamburg 1959, S. 87

Da ich die Auffassung Pielows: „Nichts kommt schulischen Belangen so sehr entgegen wie der Vergleich“ [1] teile, suchte ich zwei Schriftsteller, deren Literatur exemplarisch für das Phänomen des traditionellen bzw. Nouveau Roman steht.

Balzac habe ich schließlich gewählt, weil er als der traditionelle Schriftsteller par excellence gilt und seine Romankonzeption Gegenstand zahlreicher Essais von Nouveaux Romanciers geworden ist. Und wenn gerade „der ‚Père Goriot‘ ausgewählt wurde – «voici l'un des titres les plus célèbres de la littérature française» [2] –, dann in der Hauptsache deswegen, weil er der Balzac'sche Roman ist, den man am ehesten stellvertretend für das Ganze sehen kann.“ [3]

Obwohl der Autor z. T. ein wenig gebräuchliches Vokabular benutzt, dürften die Schüler keine bemerkenswerten Schwierigkeiten hinsichtlich der inhaltlichen Kenntnisnahme haben, zumal dieser Roman der konventionellen [4] Lesererwartung entspricht und seine Besonderheiten klar eruiert werden können. „Butor bezeichnet Balzac als die Grundlage, von der aus die Probleme des zeitgenössischen Romans am besten verstanden werden können.“ [5] ‚La Modification‘, der vielleicht bekannteste und verbreitetste Nouveau Roman, vermittelt weniger Vokabel-Singularitäten; er wird die Schüler vielmehr durch seine ungewohnte Erzählhaltung verblüffen. Dieser Effekt dürfte aber auf die Teilnehmer motivierend wirken; – darüber hinaus läßt sich gerade an diesem Werk die Wandlung in der Technik des französischen Romans recht eindrucksvoll zeigen.

Der theoretische Text von Robbe-Grillet ist leicht verständlich und soll den Schülern, im Anschluß an die induktive Erarbeitung spezifischer Unterschiede beider Romantypen, vorgelegt werden. Hier werden sie die behandelten Kriterien wiederfinden und das Erreichen der entsprechenden Lernziele selbst überprüfen können. Dieser Erfolg soll das Selbstvertrauen der Schüler festigen, ihr Selbstgefühl steigern und eine positive Resonanz auslösen. [6]

---

[1] W. Pielow: Das Gedicht im Unterricht. München 1970, S. 78

[2] P. Barbéris: Le Père Goriot de Balzac, Paris 1972, S. 9

[3] L. Pollmann: in K. Heitmann: Der französische Roman I, Düsseldorf 1975, S. 296

[4] nach Sartre: ein Roman für passive Leser

[5] K. Netzer: Der Leser des Nouveau Roman, Frankfurt 1970, S. 14

[6] H. Roth: Pädagogische Psychologie des Lehrens und Lernens, Hannover 1973, S. 259 f.

5.2. Zur Entscheidung für Textauszüge

Beide Romane: ‚Le Père Goriot' von Balzac und ‚La Modification' von Butor scheinen, mit jeweils über 300 Textseiten, kaum geeignet, als Ganzschrift im Unterricht behandelt zu werden. Ich bin mir bewußt, daß der Umfang bzw. die Unterrichtsökonomie [1] zwar nicht das einzige Entscheidungskriterium sein darf, wohl aber aus psychologischen Gründen und in bezug auf die Motivation der Schüler eine besondere Relevanz hat. Durch die Interpretation weniger Textstellen, die auch unter dem Aspekt der Motivation ausgewählt werden, sollen die Schüler u. a. zur Privatlektüre angeregt werden, um die erarbeiteten Merkmale kritisch zu überprüfen und vielleicht zusätzliche Unterschiede wie z. B. die Auflösung der Fabel und den Verzicht auf einen aktiven Helden zu entdecken. Für die Behandlung des Nouveau Roman gilt außerdem, daß „die Schüler mit der Lektüre eines integralen Textes überfordert wären, ..., insbesondere deshalb, weil die gattungspoetische Struktur des Nouveau Roman nicht von der Art ist, daß er eine Aufbereitung durch Raffung und Schwerpunktsetzung, die Unterscheidung verschiedener Handlungsverläufe, die Bestimmung von Schlüsselstellen usw. erlauben würde. Die unterrichtliche Arbeit wird sich deshalb auf die Interpretation ausgewählter Stellen konzentrieren müssen." [2] Zusätzlich sollte noch hervorgehoben werden, daß mit dieser Unterrichtsreihe nicht eine vertiefte Kenntnis der individuellen Romane, sondern ihre gattungsinterne Wandlung angestrebt wird; diese kann natürlich ökonomischer und effektiver an vergleichbaren (kontrastierenden) Textstellen, bewußt gemacht werden. Die theoretischen Texte erscheinen in einer gekürzten Fassung; denn sie haben lediglich die Funktion, erzielte Ergebnisse zu kontrollieren bzw. zu komplettieren und die literaturkritische Kompetenz der Schüler zu bestätigen (Robbe-Grillet-Text), oder sie dienen als Interpretationshilfen (Aufsätze von Butor und Astier).

---

[1] W. Arnold: Fachdidaktik Französisch, Stuttgart 1973, S. 229
[2] W. Arnold: a.a.O. S. 236

5.3. Begründung der ausgewählten Textstellen

Die exponierteste Stelle des Romans ist ohne Zweifel sein Anfang [1] – hier wird der Leser von der Realwelt in die fiktive Welt versetzt – und folglich auch von entscheidender Relevanz für die geplante Unterrichtsreihe. Einen ähnlich unmittelbaren Vergleich erwartet man vom Romanende. Damit sind bereits 4 Texte determiniert. Aus ‚Le Père Goriot'

---

[1] vgl. N. Miller: Romananfänge, Berlin 1965

habe ich vier weitere Auszüge gewählt, um sowohl die quasi schablonenhafte Porträtierung Balzacs (Victorine Taillefer, Eugène de Rastignac, Vautrin) und seinen eigentümlichen Beschreibungsstil, der von der Kennzeichnung des Milieus zur physischen und endlich psychischen Situation fortschreitet (Beispiel: Umzug Goriots in die 4. Etage der Pension Vauquer), vorzuführen als auch, um die mitleiderregende Szene des Todeskampfes Vater Goriots, die, gemäß der Intention Balzacs (Stichwort: Drama, Tragödie), den dramatischen Höhepunkt des Romans bildet, zu vermitteln.

Aus dem Nouveau Roman Butors sollen zusätzlich zum Romanbeginn und -schluß drei Auszüge besprochen werden. Da Schlüsselstellen im traditionellen Sinne nicht existieren, fällt eine Auswahl, die den intendierten Vergleich mit dem klassischen Roman rechtfertigt und gleichzeitig seine Andersartigkeit signifiziert, recht schwer.

Anhand der kontrastiven Porträtierung: eigene Frau (Henriette) – Freundin (Cécile) soll beispielsweise die Motivation Delmonts für seine plötzliche Romreise erarbeitet werden (Romantitel!). Der 9. Text gestattet es, die systematische Unterbrechung der Erzählgegenwart durch Segmente der verschiedenen Erinnerungsebenen zu analysieren, um auf die bewußte Konstruiertheit und die Nähe zur Phänomenologie – zwei entscheidende Veränderungen gegenüber dem traditionellen Roman – aufmerksam zu machen. Ausgehend von dieser Erkenntnis der Konstruiertheit kann die neuartige innere Disposition (Struktur der Textinhaltsklassen) eines weiteren Textes, in dem allerdings eine andere Segmentklasse (Zukunftssegmente) dominiert, u. a. als Transferübung eruiert und konkretisiert werden.

Der theoretische Butortext wie auch der Auszug von Astier über: Nouveau Roman und Phänomenologie sollen, wie bereits vorher erwähnt, als Interpretationshilfe dienen.

In der gekürzten Fassung des Robbe-Grillet-Aufsatzes sind vorzugsweise die Passagen enthalten, die die angestrebten inhaltlichen Ergebnisse wiedergeben, damit die Schüler den Erfolg ihrer intensiven, induktiven Arbeit selbst nachvollziehen und sogar konkrete Ergänzungen speziell zum Romananfang hinzufügen können. Weitere Unterschiede, die Robbe-Grillet anmerkt, könnten gegebenenfalls in einem kurzen Lehrervortrag vorgestellt werden, um die Schüler u. a. zur zusätzlichen Privatlektüre, als der höchsten Stufe der Selbständigkeit, anzuregen.

Wo inhaltliche Informationen über den Romanablauf zum Verständnis bzw. zur Einordnung eines Textes unentbehrlich waren, habe ich diese dem Romanauszug vorangestellt.

Die Kurzbiographien über Balzac und Butor sollen daneben über Leben und Werk der beiden Romanciers informieren.

5.4. Zur Berücksichtigung des kontrastiv-vergleichenden Verfahrens

Wenn man, wie es im üblichen Literaturunterricht zumeist noch geschieht, Novellen oder Romane einzeln und gesondert behandelt, so erarbeitet man gleichzeitig das Allgemeine und Besondere des jeweiligen Textes heraus, ohne daß der Schüler jedoch die Bedeutung, den Wert der spezifischen Ergebnisse erfährt. Ein Vergleich, sei er thematischer oder epochaler Art, relativiert sofort das Generelle und Individuelle der Einzelergebnisse und fordert gleichsam eine Bewertung heraus. Wollte man z. B. den Nouveau Roman an einem einzigen Text separat betrachten, so könnte man zwar durchaus die wesentlichen Charakteristika herausfinden, ihre eigentliche Funktion jedoch kaum erkennen, da dazu eine Vergleichsgrundlage fehlt.
In dieser Unterrichtsreihe soll die Wandlung in der Technik des französischen Romans mittels des kontrastiv-vergleichenden Verfahrens[1] erarbeitet werden. Die exemplarischen Vertreter des traditionellen und Nouveau Roman werden auf zentrale, romanspezifische Kriterien (Tertia Comparationis) hin untersucht. Auf diese Weise erfahren die Schüler induktiv die Veränderung: sie brauchen lediglich die selbständig gefundenen Ergebnisse der beiden Textkomplexe gegenüberzustellen und mit Zitaten zu belegen bzw. zu konkretisieren.

6. Inhaltliche Schwerpunkte

Da sich diese Unterrichtsreihe auf ausgewählte Auszüge aus den exemplarischen Romanen ‚Le Père Goriot' und ‚La Modification' beschränkt, scheiden natürlich Aspekte wie die Auflösung der linearen Fabel und die neuartige Situation des Protagonisten aus —: dazu bedürfte es einer Analyse der Integraltexte. Das bedeutet aber keineswegs, daß die zu erarbeitenden Unterschiede nur von sekundärer Bedeutung wären. Um die Schüler nicht mit dem integralen Text zu überfordern, ihr literarisches

---

[1] A. Raasch: Konfrontative Gedichtinterpretation im Französischunterricht, in: Der fremdsprachliche Unterricht 2—72 zeigt den Vorteil dieses Verfahrens für die Gedichtinterpretation: „Im exemplarischen Arbeitsverfahren lassen sich kontrastierende literarische ‚Epochen', ‚Schulen' und ‚Stile' gegenüberstellen oder auf Gemeinsames hin vergleichen; man kann Strukturen in der literarischen ... Entwicklung verdeutlichen, Akzente setzen, abstrahierende Überblicke illustrieren" S. 51

Interesse aber zu fördern und zu vertiefen, sie zu kritischen, begründeten Aussagen zu führen, werde ich bei den inhaltlichen Schwerpunkten vorwiegend Gesichtspunkte berücksichtigen, die von den Schülern selbständig an jedem Roman überprüft werden können und die, selbstverständlich, die Wandlung des französischen Romans deutlich zeigen.
So sollen insbesondere neben der Erarbeitung der Erzählperspektive, der Beschreibungsstil (Auswahl der Erzählmomente, Anordnung der Erzählinhalte), die Leserbezogenheit und die auktoriale Intention verglichen werden; diese Tertia Comparationis finden in den ausgewählten Romanen bzw. Romanausschnitten kontrastierende Realisierungen und sind von daher für dieses Thema prädestiniert.

7. Leitziel und Richtziele dieser Unterrichtsreihe

Die neuere Curriculumforschung, die mit Robinson [1] einsetzte, hat inzwischen Eingang in die Lehrplantheorie aller Länder der Bundesrepublik gefunden. „Der erste Grundsatz lautet: Jede Unterrichtsplanung muß ausgehen von klar definierten, begründeten Lernzielen." [2] Damit wird eine entscheidende Absage an das rein stofforientierte Lernen geäußert. „Für die Praxis des Unterrichts bedeutet dies: Der Lehrer wird sich mehr und mehr vom Diktat der Stoffplanerfüllung lösen dürfen; in seiner Unterrichtsplanung werden die Ziele dominieren, deren Gesamtsumme gegenwärtig weit überschaubarer ist als die Unsumme der Stoffe."[3]
Angeregt durch diese Unterrichtsreihe habe ich versucht, übergeordnete Lernziele für den Französischunterricht der S II – vor allem Richtziele [4] – zu formulieren, die, orientiert an der „Praxisnahen Curriculumentwicklung" [5], sowohl die Richtlinien und Empfehlungen der Kultusministerien als auch die Fachdidaktik [6] und fachdidaktische Aufsätze besonders aber die „Einheitliche Prüfungsanforderungen in der Abiturprüfung" [7], berücksichtigen.

---

[1] Saul B. Robinson: Bildungsreform als Revision des Curriculum und Ein Strukturkonzept für Curriculumentwicklung, Neuwied 1972
[2] K. Westphalen: Praxisnahe Curriculumentwicklung, Donauwörth 1976, S. 16
[3] K. Westphalen: a.a.O. S. 17
[4] Ich beziehe mich hier auf die Terminologie Westphalens, die Leit-, Richt-, Grob- und Feinlernziele unterscheidet.
[5] das ist der Titel des Buches von K. Westphalen a.a.O.
[6] Werner Arnold a.a.O.
[7] Beschlüsse der Kultusministerkonferenz — Französisch, Neuwied 1975. In die-

Leitziel:

„Der Französischunterricht soll die Schüler zur Teilnahme an Kommunikationsprozessen im Medium der französischen Sprache befähigen.“ [8]

Richtziele: [9]

- Die Schüler sollen gründliche Kenntnisse in der französischen Sprache nebst metasprachlichem Vokabular erwerben (Kompetenz) und in konkreten Situationen realisieren (Performanz).
- Die Schüler sollen in die Lage versetzt werden, authentische Texte kritisch lesend oder hörend zu verstehen und in mündlicher oder schriftlicher Form zu besprechen.
- Die Schüler sollen einen angemessenen Einblick in die französische Literatur erhalten und propädeutisch in wissenschaftliche Arbeitsweisen, vor allem auf dem Gebiet der Methodenschulung, eingeführt werden.
- Die Schüler sollen durch die Analyse der Textkomposition befähigt werden, die Absicht des Autors zu durchschauen und dadurch eine ver-

ser Schrift werden auf S. 9 die Anforderungen für Abiturienten auf folgende Lernzielbereiche bezogen: — sprachliche Fähigkeiten und Fertigkeiten; — fachliche Kenntnisse und Einsichten; — fachübergreifende Lernziele wie Arbeitstechniken, Methoden und kritisches Urteilsvermögen. Diese Lernzielbereiche, die für meine Begriffe eine größere Orientierungshilfe bieten als die Zielbereiche bei Arnold, die Dimensionen bei Bloom, die Aufschlüsselung des Kommunikationsbegriffes bei Flechsig u. a. (genaue Literaturangaben siehe Bibliographie) erweitere ich durch einen zusätzlichen Bereich: — Motivation für die Begegnung mit dem Volk und seiner Literatur — und lege sie bei der Formulierung der Richtziele zugrunde.

[8] Curriculum II, Empfehlungen für den Kursunterricht im Fach Französisch, — Arbeitsmaterialien und Berichte, Heft 5, Düsseldorf 1973, S. 43 — Mit diesem Leitziel, das bereits von Robinson aufgestellt wurde und heute allgemein anerkannt ist, soll neben der Befähigung zur „interaktiven Kommunikation“ (D. Lübke in: Lernziel ‚Kommunikationsfähigkeit‘ — Probleme und Lösungsvorschläge für die Praxis; Praxis 3—75, S. 291 f.) — die ‚rezeptive‘ (Reisener) bzw. ‚aktive‘ Kommunikation scheidet wegen mangelnder Rückkopplung als Vergewisserung des Enkodierenden oder Dekodierenden für den eigentlichen Kommunikationsbegriff aus — ebenfalls die Ausbildung rezeptiver Fertigkeiten wie Hör- und Leseverständnis (siehe auch D. Lübke a.a.O. S. 293) intendiert werden.

[9] Um nicht für jedes einzelne Richtziel auf die zugrundegelegte Literatur verweisen zu müssen — es ergäben sich zudem häufige Wiederholungen — möchte ich hier die entsprechenden Schriften, aus denen ich Anregungen übernahm, zitieren (detaillierte Literaturangaben finden sich in der Bibliographie): Richtlinien; Curricula; Beschlüsse der KMK; Qualifikationen/Lernziele; Arnold: Fachdidaktik; Croon: Le commentaire dirigé; H. Christ: FU 2—72, NM 2—70, Praxis 1—77; I. Christ: Praxis 2—74; Behme: Praxis 1—74; Morlang: Praxis 3—76; Buchloh: Die Neueren Sprachen 1970; Rück: FU 1973? FU 2-76; Straßburger: FU 1—76; Liebe: Praxis 2—73; Köhring/Schwerdtfeger: NM 1—75; Häublein: NM 2—74

stehendkritische Distanz gegenüber schriftlichen wie mündlichen Texten gewinnen.
- Die Schüler sollen zur Teilnahme am literarischen Leben (als Leser, Theaterbesucher usw.) motiviert werden.
- Die Schüler sollen wesentliche Charakteristika des traditionellen Romans und des Nouveau Roman induktiv erarbeiten und die Wandlung in der Technik erkennen.
- Die Schüler sollen lernen, literaturkritische Aufsätze als Interpretationshilfen in Textanalysen einzubeziehen.

8. Planung der einzelnen Unterrichtseinheiten

Für die angemessene Analyse eines jeden Romanauszugs aus ‚Le Père Goriot' und ‚La Modification' sowie für die Berücksichtigung der theoretischen Texte von Astier und Robbe-Grillet sollten etwa zwei Schulstunden eingeplant werden; der Aufsatz Butors dagegen, der die Funktion des Personalpronomens ‚vous' – Spezifikum von ‚La Modification' – erläutert und daher im Zusammenhang mit dem ersten Nouveau Roman-Text besprochen werden sollte, kann in die entsprechende Unterrichtseinheit integriert werden.
Um die Schüler jederzeit zur Textreflexion und Textproduktion anzuhalten, sollte die Hausaufgabe in der Regel einen schriftlichen Teil (vor allem zur Nachbereitung) haben; – ein mündlicher Teil wird zumeist vorbereitenden Charakter haben.
Es ist durchaus möglich, einige Aufgaben zur Textanalyse, die zum Teil unterschiedliche lernziel-taxonomische Anforderungen stellen, sozialdifferenziert auf Kleingruppen zu verteilen, um die Schüler individuell zu fordern und ein freies Unterrichtsgespräch als die intensivste selbständige Schülerbeteiligung (= erstrebenswerte Unterrichtssituation) zu realisieren.
Die didaktisch-methodischen Überlegungen, die jeweils den Intentionen (Lernzielen) einer Texteinheit vorausgehen, sollen die Funktion der einzelnen Auszüge innerhalb des Romans bzw. der Reihe verdeutlichen und gleichzeitig den Unterrichtsgegenstand wie seine Vermittlung akzentuieren.

8.1. Didaktisch-methodische Überlegungen zum 1. Text

Der Beginn des Romans ‚Le Père Goriot' von Balzac vermittelt als Eingangstext in besonders eindrucksvoller Weise die Intention des Autors:

Dem Leser eine dramatische Geschichte (Z. 9 und 13), die gleichzeitig eine wahre Begebenheit ist (Z. 34/35), mitzuteilen.

Die Relevanz einer inhaltlichen Strukturierung des Textes, der im wesentlichen drei verschiedene Akzente enthält:

1. remarques générales sur la situation du roman en question (Z. 1—36)
2. traits caractéristiques du quartier où se trouve la pension Vauquer (Z. 37—58)
3. circonstances et aspect extérieur de la pension Vauquer et son voisinage (Z. 59—108),

müßte von den Schülern erkannt werden und schließlich zu der oben thematisierten Segmentierung führen.

Da diese drei Struktureinheiten lediglich eine Grobgliederung darstellen und im 1. Segment mehrere gleichwertige romanspezifische Aspekte berücksichtigt werden, sollte dieses in einem 2. Schritt differenzierter betrachtet werden. Über die Funktion der einzelnen Textinhalte (Einzelsegmente) kann dann ohne weiteres die Intention des Autors (des traditionellen Romans überhaupt) ermittelt werden: Nach der situativen Einstimmung des Lesers in die fiktive Welt des Romans — unterstützt wird die Illusion einer mimetischen Darstellung realer Umwelt durch das Präsens der Dokumentation bzw. der Reportage — wird dieser direkt angesprochen, um ihn für das ‚Drama' zu interessieren.
Für die beiden anderen Grobsegmente ist keine detaillierte Strukturbetrachtung nötig, da hier allein die Orientierung des Lesers (u. a. ein Aspekt der 1. Struktureinheit) vorangetrieben wird. Wie wichtig aber Balzac auch solche Informationen nimmt, beweist die präzise Kennzeichnung der sozialen Romansituation. Um diese entsprechend beurteilen zu können, ist eine Charakterisierung der Pension Vauquer und des dazugehörigen Stadtteils unumgänglich zumal damit außerdem das inhaltliche Verständnis überprüft werden kann. Sicherlich wäre es hier angebracht, den geschichtlichen Hintergrund dieses Romandekors (z. B. durch ein Kurzreferat) miteinzubeziehen; denn dadurch würde die immanente Mimesis noch hervorgehoben.
Die Analyse des 1. Textes sollte im darbietenden Unterrichtsgespräch erfolgen, um die Schüler allmählich auf die selbständige Texterarbeitung vorzubereiten und sie nicht gleich zu überfordern. Aufgrund einer sozialdifferenzierenden Aufgabenstellung (Beispiel: Strukturieren — Bewerten) kann jeder Kursteilnehmer seinem Leistungsvermögen entsprechend gefordert werden.
Inhaltlicher Schwerpunkt dieser Unterrichtseinheit soll die Erarbeitung der auktorialen Intention in bezug auf die Lesererwartung sein. Da

dieser Text am Anfang der Unterrichtsreihe über die Wandlung in der Technik des französischen Romans steht, sollte zuvor der geplante Verlauf der Reihe vorgestellt werden, um den Schülern einen Gesamtüberblick zu vermitteln (Transparenz!). Eine weitere Lehrerinformation wird sicherlich zur Wertschätzung des Romans im 19. Jahrhundert vonnöten sein, – die Kursteilnehmer sollten entsprechende Textstellen nennen, die die auktoriale Befürchtung einer zeitgenössischen Geringschätzung des Romans belegen und gleichzeitig Balzacs Anspruch gegenüberstellen –, da der Romancier ausdrücklich bemüht ist, sein Werk als ‚Drama' zu präsentieren. Darüber hinaus ist es ratsam, die Charakteristika eines Dramas bzw. einer Tragödie zu wiederholen und zu festigen, um diesen Verweis auf die Bühnendichtung interpretieren zu können.

8.1.1. Intentionen der 1. Unterrichtseinheit

THEMA: *H. de Balzac: Le Père Goriot: Le début du roman*

GROBLERNZIEL: Die Schüler sollen die Bedeutung des traditionellen Romananfangs sowohl für den Autor als auch für den Leser kennenlernen.

FEINLERNZIELE: Die Schüler sollen

- den Text inhaltlich strukturieren und dabei etwa folgende Grobgliederung konstatieren:

  l. 1–36: remarques générales sur la situation du roman en question
  l. 37–58: traits caractéristiques du quartier où se trouve la pension Vauquer
  l. 59–108: circonstances et aspect extérieur de la pension Vauquer et son voisinage.

- erkennen, daß die 1. Struktureinheit (= 1. Abschnitt) mehrere gleichwertige Aspekte beinhaltet und daher einer differenzierten Strukturierung unterzogen werden sollte. Erstrebtes Ergebnis:

  l. 1–9: la pension Vauquer
  l. 9–16: le roman comme drame
  l. 16–29: le quartier
  l. 29–36: le lecteur.

- das auktoriale Bemühen, die damalige Geringschätzung des Romans aufzuwerten, mit Textstellen belegen.
- die wesentlichen Merkmale und Funktionen von ‚drame', ‚tragédie' und ‚comédie' nennen.
- die verschiedenen Funktionen des traditionellen Romananfangs anhand der differenzierten Struktureinheiten ermitteln: den Leser mit der fiktiven Welt des Romans vertraut zu machen; Interesse beim Leser

zu wecken; die Romanwelt als eine Kopie der Realität vorzustellen; usw.

- die Pension Vauquer und den dazugehörigen Pariser Stadtteil charakterisieren.
- das Präsens dieses Textes als Tempus der Dokumentation bzw. der Reportage identifizieren.
- über die geschichtliche und soziale Situation, die den Hintergrund dieses Romans bilden, informiert sein.

8.1.2. Möglicher Tafelanschrieb zur 1. Unterrichtseinheit

La structure du début du roman

l. 1–36:	remarques générales sur la situation du roman en question
l. 37–58:	traits caractéristiques du quartier où se trouve la pension Vauquer
l. 59–108:	circonstances et aspect extérieur de la pension Vauquer et son voisinage

La structure différenciée du 1er paragraphe

l. 1–9:	la pension Vauquer
l. 9–16:	le roman comme drame
l. 16–29:	le quartier
l. 29–36:	le lecteur

Les fonctions du début de ce roman

- introduire le lecteur dans la situation romanesque
- évoquer de l'intérêt (l'histoire comme drame)
- présenter la scène comme la copie de la réalité

8.2. Didaktisch-methodische Überlegungen zum 2. Text

Nachdem Balzac die recht bescheidene und ältliche Innenausstattung der Pension Vauquer in Verbindung mit der Raumaufteilung beschrieben hat, stellt er nun das Hauspersonal sowie die einzelnen Pensionsgäste vor, die gleichsam die desolate Situation dieses Gästehauses verkörpern.
Neben Goriot, der in den beiden folgenden Auszügen porträtiert wird, werden vor allem Victorine Taillefer und Vautrin ausführlicher berück-

sichtigt als die übrigen Gäste. Rastignac, obwohl an dieser Stelle nur kurz vorgestellt, soll jedoch später der eigentliche Held dieses Romans werden. Durch ihn, der aufgrund seiner noblen Abstammung und familiären Beziehungen in der aristokratischen Pariser Gesellschaft debütiert, werden die so kontrastierenden Handlungsstandorte: Pension Vauquer = univers sordide — Faubourg Saint Germain et Chaussée d'Antin = univers riche et élégant quasi verbunden und die Geheimnisse Vater Goriots bzw. Vautrins erschlossen. «Rastignac est en effet le délégué du romancier dans son livre.» [1] Dieser Auszug bietet Gelegenheit, die Aspekte der Balzac'schen Personenpräsentation zu erarbeiten (z. B. le physique, les vêtements, le comportement, l'état social). Beispielsweise könnten nach einem inhaltlichen Resümee und einer Individualcharakterisierung von zwei konkurrierenden Gruppen (zwei Gruppen zum Porträt Victorine Taillefers und zwei Gruppen zum Porträt Vautrins) die wesentlichen Merkmale dieser Beschreibung gesammelt werden, um die identischen Elemente gemeinsam am Kurzporträt Eugène de Rastignac zu überprüfen.

Die anscheinend vom Glück nicht gerade verwöhnten Pensionsgäste repräsentieren eine auffällige Ähnlichkeit mit dem Schicksal und der Situation ihrer gewählten Umgebung. Hier deutet sich also bereits die Verschmelzung bzw. Determinierung: Milieu — personnage an, eine Balzac'sche Grundüberzeugung, die dem aufmerksamen Leser immer wieder begegnet. Lediglich Vautrin, dessen überschäumende Vitalität und Großzügigkeit ihn von den anderen Hausgästen unterscheidet, scheint nicht in dieses deplorable Milieu zu passen. Trotz der extrovertierten Persönlichkeit Vautrins bleibt sein Porträt vordergründig und unbefriedigend: sowohl sein vollständiger Name als auch seine alltäglichen Beschäftigungen werden verschwiegen; ja es wird sogar konkret angedeutet, daß er ein Geheimnis verbirgt (Z. 94).

Dadurch wird er wie auch die übrigen Pensionsgäste zu Spannungsträgern, möchte doch der Leser die ausgesparte Lebensgeschichte zum Verständnis ihrer gegenwärtigen Situation bzw. Dubiosität erfahren.

Obwohl der Leser merkt, daß Balzac die Lebensgeschichte aller Romanfiguren kennt, d. h. aus der Perspektive des allwissenden und daher auswählenden Informanten erzählt, sollte die Präzisierung des Erzählerstandortes nicht unmittelbar angeschlossen werden. Um den Schülern die exakte Kennzeichnung zu erleichtern, habe ich 3 Kurztexte verfaßt, anhand derer unterschiedliche auktoriale Perspektiven kontrastiv distinguiert werden können. Sollten bei den Personenporträts gemeinsame Aspekte benannt werden, so wäre es in dieser Phase ratsam, diejenigen

---

[1] G. Riegert: Le Père Goriot — Balzac, Paris 1973, S. 43

erzähltechnischen Kriterien festzustellen, die jeweils andersartige Realisierungen erfahren. Danach dürfte es den Kursteilnehmern keine größere Schwierigkeit mehr bereiten, die spezifische Akzentuierung jedes Textes zu verbalisieren und mit Hilfe eines gezielten Lehrerimpulses (z. B. Vorgabe: vision) die entsprechende Termini anzugeben. Wenn jedoch nach ausreichender Charakterisierung die gewünschten Bezeichnungen nicht genannt werden sollten, müßten diese natürlich vom Unterrichtenden vermittelt werden.

Nach diesem Exkurs ist es nun schwächeren Schülern durchaus zuzumuten, den ‚point de vue' des Balzac'schen Textes (Romans) mit ‚vision par derrière' zu kennzeichnen.

8.2.1. Intentionen der 2. Unterrichtseinheit

THEMA: *Les trois pensionnaires: Victorine Taillefer, Eugène de Rastignac et Vautrin*

GROBLERNZIEL: Die Schüler sollen anhand von Personenbeschreibungen den Erzählerstandort Balzacs bestimmen und mittels dreier Kurztexte verschiedene Erzählperspektiven unterscheiden.

FEINLERNZIELE: Die Schüler sollen

- die drei Pensionsgäste charakterisieren.
- herausfinden, welche Aspekte Balzac bei seinen Personenbeschreibungen berücksichtigt.
- als Funktion solcher Porträts die detaillierte Leserinformation bzw. das Wecken von Zukunftserwartungen angeben.
- den auktioralen Erzählerstandort kennzeichnen: Balzac erzählt aus der Position des allwissenden, hinter und über allem stehenden, auswählenden Informanten.
- anhand dreier Kurztexte Kriterien für die Erarbeitung der Erzählperspektive nennen, ‚vision par derrière', ‚vision avec' sowie ‚vision dedans' (monologue intérieur) unterscheiden und die Balzac'sche Beschreibung als ‚vision par derrière' kennzeichnen.

8.2.2. Möglicher Tafelanschrieb zur 2. Unterrichtseinheit

Aspects toujours considérés au cours de la présentation d'un personnage

- le physique
- les vêtements

- le comportement
- l'état social

Le point de vue de l'auteur	*critères*
	– pronoms
– vision par derrière	– adjectifs
– vision avec	– temps
– vision dedans (monologue intérieur)	– commentaire subjectif
	– commentaire objectif

8.3. Didaktisch-methodische Überlegungen zum 3. Text

Im 3. Romanauszug aus ‚Le Père Goriot' stellt Balzac zum ersten Male Goriot, einen ehemaligen Nudelfabrikanten, vor, der ob seiner feinen Garderobe und wertvoller Aussteuer einen beneidenswerten Eindruck auf seine Pensionswirtin, die Witwe Vauquer, macht.
Hier gilt es nun, nach einer charakterisierenden Betrachtung, diejenigen Teststellen zu resümieren, die den Reichtum des Pensionärs konkretisieren, um auf das gesellschaftliche Vorurteil: Reichtum = Anerkennung (= soziales Ziel) hinzuweisen. Dieser Text soll nämlich als Orientierungsbasis für das nachfolgende 2. Porträt Goriots dienen, in dem die Titelfigur zu einem heruntergekommenen, armen und bedauernswerten Greis geworden ist. Die Physiognomie bzw. äußere Erscheinung, die als das sichtbare Indiz der pekuniären Situation einer Person die zeitgenössische soziale Wertschätzung vermittelt, soll dabei akzentuiert werden. So kann anhand dieses Textes, der aus dem 1. Teil des Gesamtporträt Goriots (S. 23—38) stammt, vor allem die verführerische Ausstrahlung des Gastes mit Textbeispielen belegt werden (Madame Vauquer würde gerne Goriot heiraten; sie rühmt seine Vorzüge und seinen Ruf; sie wechselt das Hauspersonal; sie möchte nur noch vornehme Persönlichkeiten aufnehmen; sie wirbt mit Superlativen für ihre Pension).
Die ganz und gar positive Erscheinung Goriots und der damit verbundene Effekt bei Madame Vauquer sind Schwerpunkte dieser Unterrichtseinheit. Um den nächsten Romanextrait angemessen vorzubereiten, böte sich als Hausaufgabe die Balzac'sche Darstellungsweise der Verarmung Goriots an: Comment Balzac traduit-il de façon concrète l'appauvrissement du négociant?, zumal dabei immanent die Ergebnisse dieser U-Einheit berücksichtigt werden müßten.

8.3.1. Intentionen der 3. Unterrichtseinheit

THEMA: *Le portrait du père Goriot au moment de sa retraite chez Madame Vauquer*

GROBLERNZIEL: Die Schüler sollen sowohl über den äußeren Eindruck Goriots zu Beginn seines Pensionsaufenthaltes als auch von der Ausstrahlungskraft, die sein Erscheinen bei Madame Vauquer bewirkt, erfahren.

FEINLERNZIELE: Die Schüler sollen

- Goriot zu Beginn seines Pensionsaufenthaltes porträtieren.
- anhand von Textbeispielen herausarbeiten, wie Balzac den Reichtum Goriots darstellt.
- erkennen, daß sich der pekuniäre Reichtum Goriots in seiner Physiognomie widerspiegelt.
- belegen, welche Auswirkungen das Erscheinen des ehemaligen Fabrikanten bei Madame Vauquer zeitigt.

8.3.2. Möglicher Tafelanschrieb zur 3. Unterrichtseinheit

Quelques exemples qui prouvent la richesse de Goriot

l. 4–5 pour qui cinq louis de plus ou de moins étaient une bagatelle

l. 13–14: Goriot vit muni d'une garde-robe bien fournie.

l. 14: le trousseau magnifique du négociant qui ne se refuse rien

l. 15–16: Mme Vauquer avait admiré dix-huit chemises de demi hollande

l. 17–18: le vermicellier portait sur son jabot dormant deux épingles unies par une chaînette, et dont chacune était montée d'un gros diamant.

l. 19–21: il prenait chaque jour un gilet de piqué blanc, sous lequel son ventre (...) faisait rebondir une lourde chaîne d'or garnie de breloques.

l. 21–22: sa tabatière, également en or

l. 25–27: ses ormoires (...) furent remplies par la nombreuse argenterie de son ménage.

etc. etc.

8.4. Didaktisch-methodische Überlegungen zum 4. Text

Während der vorhergehende Text Goriot zu Beginn seines Pensionsaufenthaltes bei Madame Vauquer zeigte und die Beschreibung des ehemaligen Fabrikanten lediglich auf das Äußere beschränkt blieb, so wird nun, ausgehend vom Umzug Goriots in eine höhere Etage — Zeichen für seine eingetretene Armut —, die Veränderung seiner Gewohnheiten (tabac, poudre, etc.), der Wandel in seiner Kleidung (verglichen mit dem vorherigen Wohlstand), die Abmagerung seines Körpers und schließlich sein geistiger Verfall deutlich, eine extreme Persönlichkeitsauflösung, die ihn zum Gespött der gesamten Pension, inklusive Madame Vauquer, macht. Durch den direkten Bezug auf das erste Teilportrait soll diese Verarmung noch hervorgehoben und anhand entsprechender Verweise präzisiert werden. Der Implikationszusammenhang: Milieu — Physiognomie — psychische Situation, der in diesem 2. Porträt eindrucksvoll realisiert wird, sollte ein inhaltlicher Schwerpunkt dieser Texteinheit sein. Gleichzeitig kann der für Balzac typische Beschreibungsablauf, der zunächst Äußerlichkeiten wahrnimmt, um im Anschluß daran die seelische Verfassung einzubeziehen, hier sehr gut nachvollzogen werden. Gerade der letzte Gesichtspunkt kann von den Kursteilnehmern auf der Basis einer Textstrukturierung, für die die Hausaufgabe bereits eine gezielte Vorarbeit leistet, ohne größere Schwierigkeiten herausgefunden und als typisches Merkmal dieses Romans verstanden werden. Obwohl Balzac der Titelfigur in der Einführung dieses Romans eine größere Erzählzeit (Anzahl der personenspezifischen Textseiten) widmet, so spart er wiederum, analog der Porträts: Victorine de Taillefer, Eugène de Rastignac und Vautrin, die Umstände für die Verelendung Goriots aus, um, wie in einem Drama, publikumsbezogene Spannungsmomente frühzeitig anzudeuten, die aber erst im Laufe des Werkes entmystifiziert werden sollen.
Da dieser Text keine bemerkenswerten sprachliche Probleme birgt — der Steilheitsgrad potentiell unbekannter Lexeme ist relativ gering — sollte ein möglichst freies Unterrichtsgespräch intendiert werden, um die Schüler an das selbständige Interpretieren heranzuführen.
Neben der skizzierten, sukzessiven Analyse der zwei Goriotporträts ist eine gleichzeitige, kontrastive Betrachtung alternativ zu erwägen.
In diesem Fall könnte sich auf der Basis einer differenzierten Gruppenhausaufgabe: jeweils inhaltliche Resümees für schwächere und Porträtanalysen für leistungsstärkere Schüler — Informationsaustausch! — ein freies Unterrichtsgespräch entwickeln, bei dem jedoch der Lehrer auf lernzielorientierte Impulse bzw. helfende Hinweise keineswegs verzichten sollte.

8.4.1. Intentionen der 4. Unterrichtseinheit

THEMA: *La déchéance du père Goriot*

GROBLERNZIEL: Die Schüler sollen den Balzac'schen (traditionellen) Beschreibungsablauf: Milieu – Physiognomie – psychische Verfassung am Beispiel der Verarmung Goriots nachvollziehen.

FEINLERNZIELE: Die Schüler sollen

- Goriot anhand dieses Textausschnittes erneut charakterisieren und seine Verelendung feststellen.
- Beispiele nennen, die die Armut Goriots besonders eindrucksvoll wiedergeben.
- mittels einer inhaltlichen Strukturierung des Textes den Balzac'schen Beschreibungsablauf: Milieu – Physiognomie – psychische Verfassung bestimmen.
- die wechselseitige Determination von ‚milieu' und ‚personnage' am Text nachweisen.
- erkennen, daß Balzac beim Leser Mitgefühl und Interesse für die Geschichte Goriots wecken will, da die Ursachen für seine Verarmung peinlichst ausgespart werden bzw. sein ehemaliger Reichtum lediglich angezweifelt wird.

8.4.2. Möglicher Tafelanschrieb zur 4. Unterrichtseinheit

Exemples montrant la pauvreté du père Goriot

l. 1–3:	Goriot déménage au troisième étage
l. 3–4:	il se passa de tabac, congédia son perruquier et ne mit plus de poudre
l. 6–7:	ses cheveux était d'un gris sale et verdâtre
l. 15–16:	il acheta du calicot à 14 sous l'aune pour remplacer son beau linge
l. 16–17:	ses diamants, sa tabatière d'or, sa chaîne, ses bijoux, disparurent un à un.
l. 17–19:	il avait quitté l'habit bleu-barbeau, tous son costume cossu, pour porter, été comme hiver, une redingote de drap marron grossier, . . .
l. 20:	il devint progessivement maigre, . . .

La structure du quatrième texte

l. 1–3: le déménagement de Goriot

l. 3–20: le changement de ses coutumes et de ses habits

l. 20–30 la modification de sa physionomie

l. 30–46: la déchéance psychique du père et la réaction des pensionnaires

l. 46–64: le doute des pensionnaires concernant la richesse (d'autrefois) de Goriot

8.5. Didaktisch-methodische Überlegungen zum 5. Text

Die Sterbeszene Goriots, die dem Schlußteil des Romans entnommen ist, bildet den eigentlichen Höhepunkt dieses Werkes und müßte wegen ihrer Dramatik bzw. Tragik motivierend auf die Schüler wirken. So soll auch als Schwerpunkt dieser Unterrichtseinheit die Intention Balzacs, einen dramatischen Roman zu präsentieren bzw. die Vorausdeutung einer außergewöhnlichen Geschichte gerade an dieser Textstelle überprüft und gleichzeitig das delikate Verhältnis Vater Goriots zu seinen Töchtern berücksichtigt werden.

Obwohl weder Anastasie de Restaud noch Delphine de Nucingen, seine beiden in die Pariser Nobelgesellschaft aufgestiegenen Töchter, ihren Vater am Sterbebett besuchen, segnet Goriot, der seine Töchter, die er inständig liebt, abwechselnd verflucht und verehrt, diese noch vor seinem Tode.

Um das exzentrische Benehmen des Vaters, das eher dem eines versetzten Liebhabers entspricht, sowohl bewußter zu machen als auch adäquat zu deuten, sollen zunächst die Redeeinheiten Goriots – die Strukturgrenzen sind dort, wo die Rede des sterbenden Vaters durch Eugène de Rastignac unterbrochen wird – näher betrachtet werden.

In arbeitsteiliger Gruppenarbeit (Unterrichtsökonomie) müßten dann diejenigen Aussagen Goriots, die sein Verhalten gegenüber seinen Töchtern besonders deutlich kennzeichnen, im Text unterstrichen respektive protokolliert und kommentiert werden; eine mögliche Auswahl habe ich im Anschluß unter: möglicher Tafelanschrieb der 5. Unterrichtseinheit zusammengestellt. Da die Redeeinheiten Goriots unterschiedlich lang sind – u. a. ein äußeres Merkmal der wechselnden physischen und psychischen Verfassung des Sterbenden – müßten diese je nach Kursgröße bzw. Anzahl der Einzelgruppen entsprechend segmentiert werden. Nach der linearen Integrationsphase, in der die Gruppenergebnisse vorgestellt werden, sollten die zentralen Aussagen:

l. 35: Moi seul suis coupable, mais coupable par amour

l. 45–46 Je veux mes filles! je les ai faites, elles sont à moi!

l. 76: Coupez-moi la tête, laissez-moi seulement le cœur.

l. 98–99: Avoir soif toujours, et ne jamais boire, voilà comment j'ai vécu depuis dix ans . . .

diskutiert werden.

Bei den beiden letzten Deklarationen Goriots bedarf es vielleicht einer kurzen Interpretationsbrücke seitens des Unterrichtenden
p. ex.:

a) Cherchez des synonymes pour la tête et le cœur. ou Qu'est-ce que la tête et le cœur représentent pour un homme tombé amoureux?
intendiertes Ergebnis: *tête = raison* *cœur = sentiment*

b) Qu'est-ce que le besoin de boire représente pour l'homme?
gewünschtes Resultat:
boire = besoin indispensable (nécessité vitale) de l'homme; l'homme ne peut pas vivre (survivre) sans boire,

um diese dementsprechend deuten zu können.

Damit dürfte genügend Vorarbeit geleistet sein, um den Schülern eine selbständige differenzierte Betrachtung und Bewertung der väterlichen Leidenschaft zu ermöglichen und eine Analyse des dramatischen Aufbaus dieser Szene zuzumuten.
Um den intendierten dramatischen Effekt dieses Romanausschnittes unmittelbar zu erfahren, sollte der Lehrer anregen, eine Tonbandaufnahme von der Sterbeszene zu erstellen. Ich bin überzeugt, daß ein solches Angebot ein positives Echo bei den Kursteilnehmern finden wird und dadurch die übersteigerte Mimesis Balzacs intensiver nachempfunden werden kann.

8.5.1. Intentionen der 5. Unterrichtseinheit

THEMA: *L'agonie du père Goriot*

GROBLERNZIEL: Die Schüler sollen das delikate Verhältnis Goriots zu seinen Töchtern anhand der Sterbeszene kennenlernen und die dramatische, Mitleid provozierende Darstellungsweise dieses Romanausschnittes durchschauen.

FEINLERNZIELE: Die Schüler sollen

- Textstellen sammeln, die das Verhältnis Goriots zu seinen Töchtern offenbaren, und das exzentrische Benehmen des sterbenden Vaters als einem versetzten Liebhaber ähnlich kennzeichnen.

- den Einfluß der physischen Verfassung Goriots auf die Inhalte wie auf die Emotionsausbrüche erkennen.
- die Absicht Balzacs, eine außergewöhnliche Geschichte zu erzählen, wiedererkennen und an diesem Textausschnitt erörtern.
- den dramatischen Aufbau bzw. die dramatische Steigerung dieser Szene erarbeiten und die effektsuchende Intention des Autors entlarven.
- die Wirkung der Sterbeszene auf den Leser (anhand einer selbst angefertigten Tonbandaufnahme) diskutieren.

8.5.2. Möglicher Tafelanschrieb zur 5. Unterrichtseinheit

Déclaration caractérisant le rapport de Goriot avec ses filles

l. 1–2:	envoyez-les chercher par la gendarmerie, de force!
l. 5–6:	Oh! les voir, les entendre, n'importe ce qu'elles diront, ...
l. 7–8:	Mais dites-leur, quand elles seront là, de ne pas me regarder froidement comme elles font.
l. 10–11:	Depuis le jour où leurs yeux n'ont plus rayonné sur moi, j'ai toujours été en hiver ici;
l. 12–13:	J'ai vécu pour être humilié, insulté.
l. 13:	Je les aime tant.
l. 14–15:	Un père se cacher pour voir ses filles!
l. 15–16:	Je leur ai donné ma vie, elles ne me donneront pas une heure aujourd'hui!
l. 20–21:	Venez, mes chéries, venez donc me baiser, un dernier baiser
l. 23:	Après tout vous êtes innocentes
l. 28–29:	Je me serais avili pour elles!
l. 31–32:	Moi seul ai causé les désordres de mes filles, je les ai gâtées.
l. 35–36:	Moi seul suis coupable, mais coupable par amour. Leur voix m'ouvrait le cœur.
l. 37–38:	La loi veut qu'on vienne voir mourir son père, ...
l. 39–40:	j'ai des millions à leur laisser!
l. 45:	j'aime mieux être trompé
l. 45–46:	je veux mes filles! je les ai faites, elles sont à moi!
l. 53:	je suis dupe!
l. 53–54:	elles ne m'aiment pas, elles ne m'ont jamais aimé!
l. 65—66:	dites-leur donc que de ne pas venir cest un parricide!
l. 69:	ce sont des infâmes, des scélérates.
l. 84:	qu'on les amène, je le veux!
l. 87:	je les aime, je les adore!
l. 87:	je suis guéri si je les vois

l. 91:	la main de mes filles, ça me sauverait, je le sens.
l. 92:	qui refera leurs fortunes, si je m'en vais?
l. 98–99	avoir soif toujours, et ne jamais boire, voilà comment j'ai vécu depuis dix ans.
l. 99–100	mes gendres ont tué mes filles.
l. 109:	ne pas les voir, voilà l'agonie!
l. 110–111:	oh! les voir! . . . je mourrai heureux.
l. 113–114:	mais que je sente quelque chose d'elles!
l. 117:	je les bénis

8.6. Didaktisch-methodische Überlegungen zum 6. Text

In diesem letzten Romanausschnitt aus ‚Le Père Goriot', der das Ende des Romans wiedergibt, steht das Begräbnis der Titelfigur im Vordergrund. Verlassen von seinen Töchtern, für die Vater Goriot sein ganzes Vermögen hingegeben, den Spott und die Verachtung seiner Mitpensionäre auf sich genommen hat ohne sein Schicksal zu beklagen, organisieren Rastignac und der junge Medizinstudent Bianchon, der ebenfalls bei Madame Vauquer wohnt, die Beerdigung Goriots.
An der Trauerfeier, für die die beiden Studenten ihr letztes Geld opfern, nehmen lediglich noch Christophe, der Dienstbote der Pension — dieser erinnert sich gerne an die Trinkgelder, die er für seine Botengänge zu den Töchtern des Verstorbenen erhalten hat — und zwei anonyme Bedienstete der Familien de Restaud und de Nucingen teil.
Empört ob solcher Anteilnahmslosigkeit der engsten Verwandten, entschließt sich Rastignac mit der aristokratischen Gesellschaft abzurechnen. ‚A nous deux maintenant' bezieht sich nicht nur auf die persönliche Abrechnung mit Delphine de Nucingen, seiner Geliebten, sondern drückt darüber hinaus die Kritik an der gesamten Pariser Gesellschaft aus, die zur Zeit der Restauration menschliche Gefühle für das arme Volk, selbst für verarmte, dem Elend überlassene Verwandte, ignoriert. Diese Impassibilität gegenüber einer selbstverständlichen moralischen Verpflichtung soll mit konkreten Textbeispielen belegt und erörtert werden.
Es darf nicht unerwähnt bleiben, daß die Rastignac'sche Schlußoffensive, die nur verbal angedeutet wird, den Leser bereits für ein Nachfolgewerk sensibilisieren soll (roman fleuve et retour des personnages!), in dem sich der aus der Provinz stammende Student zur skrupellosen Eroberung der Pariser Gesellschaft anschickt.
Bisher wurde dem Tempus des Balzac'schen Roman kaum Beachtung beigemessen (Ausnahme: Romanbeginn). An dieser Stelle soll daher die erzähltechnische Bedeutung des dominierenden ‚passé simple' gebührend

reflektiert werden. Ausgehend von dem grammatischen Verständnis des historischen Perfekts (vielleicht anhand einer Gegenüberstellung mit dem ‚imparfait') müßten die Funktionen dieses Tempus' ohne erwähnenswerte Lehrerhilfen von den Schülern erkannt (z. B. Romaninhalt als abgeschlossene, historische Wahrheit; Objektivität [Fakten]; Distanz; usw.) und der zusätzliche Einfluß auf den Erzählerstandort (‚vision par derrière') begründet werden können.

Im letzten Teil dieser Unterrichtseinheit sollten die Kursteilnehmer die erarbeiteten Charakteristika dieses Romans zunächst schlagwortartig für einen Tafelanschrieb rekapitulieren, um in einem 2. Schritt die einzelnen Aspekte zu präzisieren und zu diskutieren. Bei ruhigeren und zum Teil schwächeren Schülern beginnend, könnte der Lehrer überprüfen, ob die geplanten Ergebnisse, die den korrespondierenden Merkmalen aus ‚La Modification' gegenübergestellt werden sollen, auch erreicht worden sind oder ob eventuell gezielte Vertiefungen bzw. Richtigstellungen vonnöten sind.

Sollten die Kennzeichen der besprochenen Romantexte nur mühsam und ungenau reproduziert werden, so wird der Lehrer eine diesbezügliche nachbereitende Hausaufgabe stellen müssen; — ansonsten wird das Verständnis dieser Lerziele erst am Ende der Unterrichtsreihe bei einem abschließenden Vergleich mit dem Nouveau Roman schriftlich kontrolliert — es versteht sich von selbst, daß während der Behandlung der Auszüge aus ‚La Modification' jeweils auf die traditionelle Technik rekurriert werden wird, um u. a. die Wandlung zu verdeutlichen.

8.6.1. Intentionen der 6. Unterrichtseinheit

THEMA: *L'enterrement de Goriot*

GROBLERNZIEL: Die Schüler sollen am Beispiel der Beerdigung Vater Goriots die Kritik Balzacs an der Aristokratie erkennen, die zur Zeit der Restauration menschliche Gefühle für das arme Volk, selbst für verarmte Verwandte, unterdrückt bzw. ignoriert und die Charakteristika des Balzac'schen (traditionellen) Romans zusammenfassen.

FEINLERNZIELE: Die Schüler sollen

- am Text belegen, daß zur Zeit der Restauration Geld die überragende Rolle in der Gesellschaft spielt.
- die Abwesenheit der Töchter Goriots interpretieren als die Distanzierung der Aristokratie von Armut und Elend.
- die Verbitterung Rastignacs über die Hartherzigkeit oder Anteilnahmslosigkeit der Töchter und Schwiegersöhne Goriots anmerken und dessen

spätere Entschlossenheit zur Eroberung der Pariser Gesellschaft anhand der Aussage: ‚A nous deux maintenant' bestätigen.

- im nachhinein die langen, einleitenden Beschreibungen des Romans u. a. als psychologische Vorbereitung des tragischen Schicksals Vater Goriots deuten.
- die Priorität des ‚passé simple' im Balzac'schen Roman erkennen und begründen (z. B. Romaninhalt als abgeschlossene, historische Wahrheit; Objektivität [Fakten]; Distanz; usw.)
- die wesentlichen Charakteristika des Balzac'schen und damit traditionellen Romans aufzählen und anhand von Beispielen konkretisieren.

8.6.2. Möglicher Tafelanschrieb zur 6. Unterrichtseinheit

Les caractéristiques du roman de Balzac

1. La vision par derrière (l'auteur omniscient)
2. Le roman comme drame
   - une histoire extraordinaire
   - une histoire touchante
   - une fin tragique
3. Le roman veut évoquer de l'intérêt chez le lecteur
   - il s'adresse au lecteur
4. La présentation du lieu et des personnages
   - la préparation du lecteur à la scène
5. La description révélatrice
   - de l'extérieur à l'intérieur
     (l'extérieur explique l'intérieur et vice versa –
     l'extérieur laisse entrevoir l'intérieur)
   - le choix des objets (des aspects) à décrire
   - l'auteur se limite à raconter ce qui est important pour l'histoire, ce qui peut intéresser le lecteur

8.7. Didaktisch-methodische Überlegungen zum 7. Text

Mit dem Romananfang von ‚La Modification' beginnt die eigentliche Erarbeitung der Wandlung in der Technik des französischen Romans, bezogen auf: Erzählhaltung und Organisation der Erzählmomente, Intention des Autors, Lesererwartung.
Dieser Text erschwert infolge seines hohen Steilheitsgrades unbekannter

Lexeme und der bildhaften Darstellung persönlicher Eindrücke des Protagonisten das präzise Verständnis des Inhalts und könnte gegebenenfalls — ich denke vor allem an die Zeilen 16—23 — vor der stilistischen Analyse kontrollübersetzt werden. Ehe jedoch dieser Text interpretiert wird, sollte an die Funktion des Romanbeginns bei Balzac erinnert werden, um so eindrucksvoller die Andersartigkeit zu erleben.

Schwerpunkte des 1. Auszugs aus dem Nouveau Roman sollen die Lesererwartung, auktoriale Intention, Erzählinhalte und die eigentümliche Erzählperspektive sein. Die beiden ersten Kriterien, die im traditionellen Roman eine auffällige Berücksichtigung finden, scheinen im Nouveau Roman negiert zu werden: Der Leser wird unvorbereitet mit der Romanwelt konfrontiert — ich habe dem Text eine kurze inhaltliche Zusammenstellung des Romangeschehens vorangestellt, um den Schülern gewisse Orientierungsmomente mitzuteilen, die das Verständnis dieses Auszuges erleichtern sollen — und ist von Anfang an gezwungen, sich selbst zurechtzufinden, da ihm die Situation der Fiktion nicht erläutert wird. Dieser unmittelbare Beginn wird den Schülern sicherlich zuallererst auffallen, zumal er völlig mit der traditionellen, mehr passiven Leserhaltung bricht und ein aktives Lesen, als ein gemeinsames Merkmal des Nouveau Roman voraussetzt. Eine andere, vielleicht die frappierendste Besonderheit dieses speziellen Romans bildet das Pronomen ‚vous'. Der Leser hat zunächst den Eindruck, selbst angesprochen zu sein, ehe er, ab Zeile 12, merkt, daß damit der Protagonist gemeint ist. Hier könnte sich bei den Schülern eine gewisse Ratlosigkeit einstellen; doch dürfte diese ungewohnte Technik nicht ohne Reiz sein. Die eigentliche Schwierigkeit liegt in der Pronominalisierung des Protagonisten, der, obwohl aus seiner subjektiven Perspektive berichtet wird, nicht das zu erwartende ‚moi' beansprucht. Da die Schüler diese scheinbare Diskrepanz wohl kaum ohne Lehrerhilfe begründen können, sollte der Kursleiter versuchen, über Verweise auf Situationen, in denen dieses Pronomen ähnlich gebraucht wird — ich denke z. B. an Polizeiverhöre oder Gerichtssituationen, in denen ein Richter den Hergang einer Tat rekonstruiert und dabei den Angeklagten mit der 2. Person Plural konfrontiert —, zum Verständnis des Phänomens zu führen. Dieser Unterrichtsschritt sollte folglich in einem gebundenen Unterrichtsgespräch vorgenommen werden. Außerdem bietet es sich hier an, den theoretischen Aufsatz Butors zum romanspezifischen Phänomen der 2. Person Plural einzubeziehen (Schülerreferat?).

Die genaue Angabe der Erzählperspektive mit ‚vision avec et dedans' kann von den Kursteilnehmern verlangt werden, da bereits am 2. Text die verschiedenen Sprechsituationen induktiv erarbeitet werden sollten und durch die Erörterung über das Personalpronomen ‚vous' implizit diese Erzählsituation angedeutet, ja gewissermaßen determiniert ist.

Um einerseits die spezifische Sprechsituation dieses Romans zu verdeutlichen und andererseits einen Zugang zur phänomenologischen Beschreibung — selbst unbedeutende, scheinbar überflüssige Nebensächlichkeiten werden gleichwertig mit weiterführenden Romaninhalten erzählt — zu ermöglichen, soll quasi als Vorarbeit der Text inhaltlich strukturiert und mit Überschriften versehen werden. Dabei wird auffallen, daß die oft sehr langen Satzgebilde, die einen Gedanken komplex nachvollziehen wollen, jeweils einen Textabsatz (= äußeres Struktursegment) beanspruchen. Doch Butor führt nicht nur die Komplexität der Gedanken des Protagonisten vor, sondern er läßt den Leser auch die unmittelbare, momentane Beobachtung, die keine Vorsortierung bzw. Auswahl der Beschreibungselemente vornimmt, miterleben (Beispiel: Reflexion über die Mitreisenden). Dieser Eindruck wird durch das Präsens der „simultanéité entre ‚parole' et action'" bestätigt. Da eine solche Feststellung von den Schülern kaum ohne Lehrerhilfe zu erwarten ist, sollten zuvor anhand von vier Satzbeispielen die unterschiedlichen Funktionen des Präsens bestimmt werden, um anschließend das signifikante Gegenwartstempus dieses Romans zu präzisieren.

Waren im Balzac'schen Roman mehrere Personen Spannungsträger (z. B. Goriot, Vautrin, Rastignac), so scheint sich diese Rolle in ‚La Modification' auf den Protagonisten zu reduzieren, da dieser infolge der spezifischen Perspektive allein sich und sein Geheimnis offenbaren kann.

Wegen der vielen Besonderheiten, die immanent die Wandlung in der Romantechnik kommunizieren, wird der Romananfang eine große Anforderung an die Kursteilnehmer stellen; daher sollte hier das gebundene Unterrichtsgespräch dominieren.

Am Ende dieser Texteinheit kann eine nachbereitende, schriftliche Hausaufgabe stehen, um die Schüler zu eigener Textproduktion zu veranlassen, vor allem aber, um das Verständnis dieses Romanauszuges zu überprüfen bzw. zu festigen. Ein schwächerer Schüler könnte in der folgenden Stunde seine Hausarbeit vortragen; etwaige Ungenauigkeiten können dann mit dem gesamten Kurs diskutiert und korrigiert werden.

8.7.1. Intentionen der 7. Unterrichtseinheit

THEMA: *Michel Butor ‚La Modification' — le début du roman*

GROBLERNZIEL: Die Schüler sollen die Andersartigkeit des Beginns dieses Romans gegenüber dem Roman von Balzac in bezug auf Lesererwartung, Erzählerperspektive, Erzählinhalt und Pronomengebrauch kennenlernen.

Der ungewöhnliche Romaneinstieg soll die Schüler verblüffen und zur Interpretation motivieren.

FEINLERNZIEL: Die Schüler sollen

- erkennen, daß Butor den Leser mit der Romanwelt konfrontiert und ihn nicht, wie Balzac, mit der Situation des Geschehens vertraut macht.
- für diesen Textauszug relevante Interpretationskriterien wie: Erzählperspektive, Funktion des Pronomens ‚vous', Funktion des Präsens, Struktur, usw. aufzählen.
- die Identität zwischen Erzähler und Protagonist herausfinden und die Erzählperspektive mit ‚vision (avec et) dedans' bezeichnen.
- den für einen Roman ungewöhnlichen Gebrauch des Pronomens ‚vous' anmerken.
- den Text inhaltlich strukturieren und die einzelnen Struktureinheiten mit Überschriften versehen.
- verdeutlichen, daß in ‚La Modification' Personen und Handlungen unmittelbar beschrieben werden, d. h. ohne Vorsortierung bzw. Auswahl der Beschreibungselemente, so daß scheinbar Nebensächlichkeiten gleichwertig mit essentiellen, weiterführenden Informationen erwähnt werden.
- bemerken, daß Butor sich bemüht, die Komplexität von Eindrücken identisch wiederzugeben.

8.7.2. Möglicher Tafelanschrieb zur 7. Unterrichtseinheit

La structure du début de ‚La Modification'

l. 1–11: l'entrée dans le compartiment
l. 12–15: l'heure du voyage et l'âge du protagoniste
l. 16–23: l'état du protagoniste
l. 24–29: quelques remarques sur le voyage
l. 30–47: le voyageur à droite du protagoniste
l. 48–67: le jeune couple du même compartiment
l. 68–74: l'ecclésiastique de l'autre côté de la fenêtre
l. 74–84: L. D.
l. 85–92: l'homme d'un autre wagon
l. 93–103: L. D. assis dans le compartiment

Le pronom ,vous'

(1. s'adresse au lecteur)
2. fait allusion à l'identité: narrateur – protagoniste
3. s'adresse au protagoniste

Le présent exprime

a) une vérité toujours valable
b) une simultanéité entre ,parole' et ,action'
c) indique le futur proche
d) une vérité valable pour un certain moment

Les fonctions du début du roman de Balzac

– présenter les personnages
– présenter la scène
– localiser l'histoire
– intéresser le lecteur
– indiquer l'intention de l'auteur

8.8. Didaktisch-methodische Überlegungen zum 8. Text

Während der Romanbeginn bewußt auf eine Begründung der Reise Léon Delmonts verzichtet – der Leser befindet sich sofort in mediis rebus, d. h. er wird nicht in die fiktive Welt des Romans eingeführt (im Unterschied zum traditionellen Roman) –, erfährt der Leser nun in den Vergangenheitssegmenten die Motivation für diese außergewöhnliche Romfahrt.
Der Protagonist hat endlich eine Stellung für seine römische Freundin Cécile gefunden, ersehnter Anlaß für eine gemeinsame Zukunft in Paris, Gelegenheit aber auch, seinem überdrüssigen, monotonen Familienleben dauerhaft zu entfliehen. Bei der Unzufriedenheit seiner gegenwärtigen familiären Situation spielt seine Frau Henriette die entscheidende Rolle. Sie, die an traditionellen Familienzeremonien unbeirrt festhält, empfindet er als eine gealterte, unflexible, mißtrauische Gattin, die ihn ständig verfolgt (,lourde ombre'), ihn überprüft, ihm Vorwürfe macht.
Seine Freundin Cécile erscheint demgegenüber in seiner Vorstellung als das positive Gegenteil, das erstrebenswerte Heil: Jung, intelligent, voller

Elan und Lebensfreude, quasi eine Zauberin, die ihn seine Alltagssorgen vergessen läßt.
Da der Auszug eine Vielzahl von zumeist bildhaften Beispielen liefert, dürfte es den Schülern kaum Schwierigkeiten bereiten, diese Kontraste in den Porträts zu erarbeiten, um danach die Erwartungen Delmonts, die dieser mit der Fahrt verknüpft, zu erschließen: Der Protagonist will dem Pariser Alltag entfliehen, um mit Cécile eine Wiedergeburt zu erleben, die ihn von der bisherigen Lethargie in Paris befreit.
Die selbständige Analyse eines Textes mittels Leitfragen (= textspezifische Aufgaben im Anschluß an die Vokabelerläuterungen) könnte in dieser Unterrichtseinheit geübt werden. Die Gefahr, daß leistungsstärkere Schüler in einem freien Unterrichtsgespräch dominieren, sollte den Lehrer nicht hindern, diesen Versuch durchzuführen, zumal lernziel-taxonomisch unterschiedliche Ansprüche der Arbeitsaufträge (= Leitfragen) auch schwächeren Schülern ausreichend Gelegenheit bieten, sich am Unterrichtsgespräch zu beteiligen.
Um das Ergebnis dieser selbständigen Erarbeitung individuell überprüfen zu können, wäre eine nachbereitende Hausaufgabe angebracht.

8.8.1. Intentionen der 8. Unterrichtseinheit

THEMA: *La fuite de Léon Delmont*

GROBLERNZIEL: Die Schüler sollen die Gründe Delmonts für dessen plötzliche Reise nach Rom erfahren und die Tempora dieses Textes analysieren.

FEINLERNZIELE: Die Schüler sollen

- das Verhältnis Delmonts zu seiner Familie beschreiben und insbesondere das negative Porträt seiner Frau mittels Textstellen belegen.
- das positive Bild, das Delmont von seiner Freundin Cécile zeichnet, am Text nachvollziehen und mit demjenigen seiner Frau vergleichen.
- als Gründe für die Flucht nach Rom: Aufbruch in ein neues Leben; Befreiung von der Lethargie seines Pariser Familienlebens; Überwindung des Alters, (personifiziert in Henriette) mit Hilfe von Cécile (magicienne); usw. angeben.
- erkennen, daß Delmont im Vergangenheitstempus seine außerplanmäßige Romfahrt begründet und seine Entscheidung gleichzeitig kommentiert bzw. reflektiert (Präsenselemente).

8.8.2. Möglicher Tafelanschrieb zur 8. Unterrichtseinheit

Le portrait d'Henriette fait par son mari

l. 39–40:	elle tient toujours à des dérisoires cérémonies familiales
l. 42–44:	elle pense vous retenir, vous enserrer dans ce filet de petites rites, non par amour certes, il y a bien longtemps que tout cela était fini entre vous deux
l. 47:	ah, comme elle vieillisait
l. 47–48;	elle craint de voir changer quelque chose à l'ordre auquel elle était habituée
l. 51–52:	jamais elle n'avait eu confiance en vous
l. 54–56:	vos succès ne l'avaient jamais convaincue
l. 56–58:	elle que vous sentiez de plus en plus vous faire des reproches muets, vous surveiller
l. 67–68:	comment n'aurait-elle pas appris à les connaître vos goûts
l. 118:	ce cadavre de femme
l. 119:	ce cadavre inquisiteur
l. 132:	cette lourde ombre
l. 136:	ce corps fané

Le portrait de Cécile fait par son ami

l. 13–14:	une femme remarquablement intelligente
l. 14:	d'une trentaine d'années
l. 14:	parlant couramment l'anglais et l'italien
l. 45–46:	elle vous apporte ce sentiment de délivrance et d'enchantement
l. 130:	ce salut, Cécile
l. 130:	cette gorgée d'air
l. 130–131:	ce surcroît de force
l. 131–132:	cette main secourable, messagère des régions heureuses et claires
l. 133–135:	cette magicienne qui par la grâce d'un seul de ses regards vous délivre de toute cette horrible caricature d'existence

8.9. Didaktisch-methodische Überlegungen zum 9. Text

Anhand der ersten beiden Romanauszüge aus ‚La Modification' sollten u. a. die Erzählperspektive, die Leserberücksichtigung und die Hintergründe für die Romreise Delmonts analysiert werden, weil dort diese Aspekte augenfällig bzw. thematisiert sind.
Wegen der fehlenden linearen Erzählabfolge und der Auflösung der Fabel – die zwar ebenfalls eine zentrale Wandlung gegenüber dem traditionellen Roman darstellen, jedoch nur am Integraltext erarbeitet werden können – ist es recht schwierig, eine Textstelle zu finden, die die Organisation der Erzählmomente offenbart. Wollte man nämlich einen kurzen Auszug entnehmen, so erforderte die Erarbeitung der Konstruiertheit des Nouveau Roman, als Schwerpunkt dieser Unterrichtseinheit, allzu konkrete Lehrerhilfen, die die Schülerleistung notgedrungen einschränkte; bei einem längeren Text kann dagegen die Distribution von Segmenten einer Inhaltsklasse (Klasse der Gegenwartssegmente, Klasse der Vergangenheitssegmente, Klasse der Zukunftssegmente) durchaus von den Kursteilnehmern selbständig geleistet werden.
Ein besonders geeigneter Romanausschnitt erschien mir zu diesem Zweck das Ende des 4. Kapitels zu sein. Léon Delmont sitzt in seinem Zugabteil, schaut durchs Fenster, beobachtet Mitreisende, reflektiert über sie und erinnert sich an gemeinsame Erlebnisse mit seiner Frau Henriette oder seiner Freundin Cécile. Da der Gesamtauszug für eine kurzfristige Vorbereitung zu umfangreich ist, kann der Text auf sechs Schülergruppen verteilt werden. Eine entsprechende Einteilung bietet sich an, da acht sogenannte Strophen[1] durch ‚blancs'[1] deutlich voneinander abgesetzt sind, von denen zwei nur wenige Zeilen umfassen und daher den Nachbarstrophen zugesprochen werden können.
Die beiden ersten Struktureinheiten, die zum einen länger sind als die folgenden und zum anderen am Anfang dieser spezifischen Erarbeitung stehen, also beispielsetzend sind, sollten von größeren bzw. leistungsstärkeren Gruppen übernommen werden.
Bei der Gruppenarbeit, die natürlich auch durch eine entsprechende differenzierte Hausaufgabe ersetzt werden kann, müßten folgende Teilaufgaben delegiert werden:

---

[1] Strophen sind nach J. Roudaut Texteinheiten, die von ‚blancs' eingeleitet bzw. beendet werden. Die Bezeichnung ‚blanc' stammt von Proust. Mit ‚blanc' benennt er die Sprünge in der erzählten Zeit in Flauberts: L'Education sentimentale. – M. Proust: Chroniques, Paris 1972, S. 205 f.
«Le blanc, la juxtaposition pure et simple de deux paragraphes décrivant deux événements éloignés dans le temps apparaît alors comme la forme du récit la plus rapide possible, une vitesse qui efface tout.» (Michel Butor: Répertoire II, Paris 1964, S. 94)

1. Resümee (als Information der übrigen Schüler)
2. Bericht über Ort und Zeit des Erzählgegenstandes; Tempus, Personen.
3. Untersuchung der Strukturgrenzen; stilistische Besonderheiten.

Das Resümée, das alle Schüler über den Inhalt der Strophen informieren soll, wird jeweils den beiden anderen Teilaufgaben vorausgehen. — Die 2. Teilaufgabe hat einen besonderen Wert: aufgrund einer regelmäßigen Abfolge von Gegenwarts- und unterschiedlichen Vergangenheitssegmenten — hier wird wahrscheinlich der Lehrer anfänglich intervenieren müssen, um die gewünschten Akzente zu realisieren — läßt sich sehr deutlich die Konstruiertheit bzw. die Konstruktion des Romans in einer Art ‚mise en abyme'[2] erkennen, die dementsprechend in einem Tafelbild festgehalten werden soll.
Mit der 3. Aufgabe sollen die Kursteilnehmer erfahren, daß Butor den Wechsel in der Erzählinhaltsklasse kaum andeutet oder begründet; denn lediglich beim Übergang von Strophe 1 nach 2 und von 3 nach 4 kann eine inhaltliche bzw. situative Assoziation vermutet werden. Ähnlich wie zum Teil die Gedanken springen, wechseln in diesem Roman die Schauplätze, Personen und Tempora. Der Autor versucht mittels der enorm langen Sätze und der scheinbar unmotivierten Szenenwechsel den Gedankenfluß eines Menschen zu reproduzieren, um die Komplexität und Vielfalt der Gedanken und der Welt möglichst identisch vorzuführen; dabei sollen die ‚blancs' quasi als sichtbare Gedankensprünge dem aufmerksamen Leser eine Orientierungshilfe sein. Eine Konzession an den Leser ist natürlich auch die bewußte Ordnung der Gedanken nach Erzählinhaltsklassen — das Denken erscheint dadurch kohärenter als in der Realität —, um einen solchen Roman überhaupt lesbar zu machen.
Die Textklammer, die den Schülern sicherlich auffallen wird, ist ein weiteres stilistisches Merkmal Butors: Sie hilft ihm, die Gleichzeitigkeit: Schreiben — Erzählen zu kommunizieren.
In diese Unterrichtseinheit könnte auch der Text Pierre-A. G. Astiers über ‚Nouveau Roman et phénoménologie' eingebracht werden; ein philosophisch interessierter Schüler wäre ein kompetenter Adressat bzw. Referent.

---

[2] Es war André Gide, der diesen in der Heraldik gebräuchlichen Terminus für die Literatur entdeckte. 1893 gebraucht er diesen Begriff in seinem ‚Journal' bei der Besprechung von ‚La Tentative Amoureuse'.

8.9.1. Intentionen der 9. Unterrichtseinheit

THEMA: *Au cours du voyage à Rome*

GROBLERNZIEL: Die Schüler sollen anhand dieses Textauszuges die Konstruiertheit der inhaltlichen Erzählmomente im Nouveau Roman kennenlernen und die auktoriale Intention erörtern.

FEINLERNZIELE: Die Schüler sollen

- die Konstruiertheit des Nouveau Roman erkennen und die spezifische Konstruktion dieses Textes beschreiben.
- herausfinden, daß die Personenkonstellation, der Ort des Erzählmoments sowie das Tempus die unterschiedlichen Ebenen des Romanausschnittes determinieren.
- die ‚blancs' im Text als Lesehilfen identifizieren.
- als besonderes Stilmittel die Textklammer bemerken und ihre Bedeutung mit der Darstellung der Gleichzeitigkeit: Schreiben – Erzählen angeben.
- erkennen, daß Butor sowohl mittels der enorm langen Sätze als auch der verwirrenden Szenenwechsel den Gedankenfluß eines Menschen reproduzieren möchte, um die Komplexität und Vielfalt der Gedanken und der Welt vorzuführen.
- zum einen typische Stilelemente nennen, die Butor bei der Beschreibung konkreter, präsentischer Objekte benutzt und zum anderen solche, die zur Deskription von imaginierten Szenen dienen.

8.9.2. Möglicher Tafelanschrieb zur 9. Unterrichtseinheit

La construction de cet extrait (les changements de la scène)

Le plan du contenu des différentes strophes:

voyage – passé avec Cécile – voyage – passé avec Henriette – voyage – passé avec Cécile – passé avec Cécile – voyage.

La différence de style

a) Pour les scènes vues:
   - les conjonctions indiquant la simple suite des actions;
   - les conjonctions marquant le lieu;
   - les verbes exprimant un mouvement

b) pour les scènes imaginées:

- l'emploi de métaphores;
- l'emploi fréquent de participes présents indiquant la simultanéité;
- la longueur et la complexité des phrases correspondant aux visions qui surgissent par association;
- les verbes et les adjectifs exprimant des sentiments

8.10. Didaktisch-methodische Überlegungen zum 10. Text

Dieser Text bietet eine seltene Gelegenheit, einige erzähltechnische Lernziele (z. B. zu den ‚blancs', zur Konstruiertheit bzw. Konstruktion des Nouveau Roman) zu überprüfen, aber auch gleichzeitig ihr spezifisches Verständnis anhand der evidenten Akzentverschiebung zu vertiefen (Transfer).
Es werden in diesem Romanauszug u. a. Zukunftssegmente und ‚blancs' als bedeutungstragende Textsignale vermittelt.
Die Schüler sollen diesen Text zunächst strukturieren und die einzelnen Struktureinheiten charakterisieren — dabei wird ihnen auffallen, daß vier Zukunftssegmente von zwei aktuellen Gegenwartselementen eingerahmt werden —, um die Erzählinhaltsklasse der Visionen Léon Delmonts zu konstatieren.

Hauptaugenmerk soll die Zweiteilung dieser futurischen Struktursegmente sein:

1. realistische Zukunftsvision
2. Infragestellung der jeweiligen Zukunftsvision, die jedoch bei der 4. Version fehlt.

Um diese ‚bipartition' zu erkennen und zu interpretieren, bedarf es wohl entscheidender Impulse seitens des Unterrichtenden. Beispielsweise könnte der Lehrer anhand zweier benachbarter Zukunftsvisionen eine vergleichende inhaltliche Betrachtung der jeweils ersten Textabsätze anregen und zu den Gemeinsamkeiten respektive Unterschieden hinführen. Konsequenterweise sollte anschließend auch das dazugehörige Segmentende entsprechend verglichen werden, bevor die Ergebnisse an den übrigen Zukunftssegmenten verifiziert werden.
Alle futurischen Visionen — sie haben die identische Einleitung: mardi prochain, lorsque ... — beinhalten die projektierte Rückkehr des Protagonisten nach Paris: Zum einen berücksichtigt Butor eine heldische Lösung (Delmont will Henriette sein Verhältnis zu Cécile und seine weiteren Absichten gestehen), zum anderen reflektiert er Henriettes Vorwürfe und Reaktionen.

Da in der 4. Version die Infragestellung unterbleibt, müßte hier eine interpretatorische Erörterung ansetzen. Delmont, der von den Nachteilen der Versionen 1—3 beunruhigt und verunsichert scheint, verdrängt bewußt eine weitere gedankliche Fortführung einer baldigen Rückkehr nach Paris. Diesen Eindruck sollen die Schüler mit Zitaten belegen (z. B. Z. 64—66: il faut arrêter mes pensées pour me ressaisir et me reprendre, rejetant toutes ces images qui montent à l'assaut de moi-même).
Wenn auch dieser Romanausschnitt keinen endgültigen Aufschluß über die Konsequenz dieser Projektionen gibt, so sollte trotzdem auf die Möglichkeit des Scheitern des eigentlichen Vorhabens Delmonts, sich von seiner Familie zu befreien, hingewiesen und die eventuellen Ursachen diskutiert werden (Diskussionsgrundlage ist die Analyse dieses Textes).
Bisher wurden die Gegenwartssegmente, die einen konkreten Bezug zur aktuellen Romreise beinhalten, vernachlässigt. Daher soll die Signifikanz dieser Strukturelemente nachgeholt werden. Die zwei Präsenssegmente dieses Romanauszuges erlauben natürlich keine adäquate Determinierung, und so werden die zurückliegenden Texte einbezogen werden müssen. In einem gebundenen Unterrichtsgespräch, das in dieser Unterrichtseinheit wahrscheinlich vorherrschen wird, sollte z. B. auf die strukturrelevante Funktion der Bahnhöfe verwiesen und auf die chronologische Anordnung dieser stereotypen Unterbrechungen, die den äußeren Ablauf der Romfahrt exakt nachvollziehen (auktionale Orientierungshilfe) geschlossen werden.

8.10.1. Intentionen der 10. Unterrichtseinheit

THEMA: Les prévisions de Léon Delmont

GROBLERNZIEL: Die Schüler sollen die Struktur dieses Textes beschreiben und die Zweiteilung der Zukunftssegmente interpretieren.

FEINLERNZIELE: Die Schüler sollen

- herausfinden, daß die vier Zukunftssegmente mit ‚mardi prochain, lorsque . . .' eingeleitet werden und von zwei Gegenwartsbeschreibungen eingerahmt sind.
- die Zweiteilung der futurischen Struktureinheiten erläutern:
  1. realistische Zukunftsvision
  2. Infragestellung der jeweiligen Zukunftsvision (fehlt bei der 4. Version!)
- erkennen, daß die Nachteile der Versionen 1—3 Delmont beunruhigen, und dieser in der 4. Version die Infragestellung bewußt verdrängt.

- vermuten, daß die Absicht des Protagonisten, sich von seiner Familie zu befreien, zum Scheitern verurteilt ist.
- konstatieren, daß alle Präsenssegmente, die sich auf die aktuelle Romreise beziehen, chronologisch angeordnet sind und somit den äußeren Ablauf der Fahrt exakt wiedergeben.

8.10.2. Möglicher Tafelanschrieb zur 10. Unterrichtseinheit

Le système des scènes au futur

- il y a toujours deux parties (= bipartition):
  - a) un déroulement projeté (possible)
  - b) la mise en question du succès de a) – (exception: version 4)

Versions		Contenus
1	a)	c'était un voyage comme tous les autres
	b)	il doute de pouvoir taire les vraies raisons de ce voyage: il faudra il faudrait → l'impossibilité de ne pas en parler
2	a)	Henriette saura que ses craintes vont se réaliser; il n'y aura pas moyen de le lui cacher; elle vous harcèlera de questions parlées ou muettes
	b)	il aurait mieux valu certes qu'elle n'en sût rien (: la révélation serait une certaine charge)
3	a)	je t'ai menti ... je le reconnais, je suis coupable à ton égard, je suis prêt à accepter, à approuver tous tes reproches (aveu sans réserve: solution héroïque)
	b)	elle ne pleurera jamais; elle vous laissera discourir sans vous interrompre, ... (: elle ne fera que des reproches muets)
4	a)	j'étais allé à Rome pour pouvoir prouver à Cécile que je la choisissais contre toi, j'y étais allé dans l'intention de lui demander de venir vivre avec moi définitivement à Paris ... (projection courte et inachevée)
	b)	– il manque la mise en question du succès de a): ne suis-je donc pas dans ce train, en route vers Cécile merveilleuse? ... il faut arrêter mes pensées pour me ressaisir et me

reprendre, rejetant toutes ces images qui montent à l'assaut de moi-même.
(effort de ne pas encore penser au retour chez Henriette; peur de l'echec de ce voyage)

8.11. Didaktisch-methodische Überlegungen zum 11. Text

In diesem letzten Romanauszug, der zudem das Ende von ‚La Modification' präsentiert, vermittelt Butor nun die Bestätigung für das Scheitern dieser Romreise Delmonts.
Der Protagonist mußte während der langen Bahnfahrt erkennen, daß Rom seine Anziehungskraft für ihn verlieren würde, wenn er Cécile nach Paris holte; denn die Besonderheit Roms bzw. die befreiende Kraft Céciles liegt allein in der Diskrepanz: Paris = Arbeitswelt (Alltag) – Rom = Ferienwelt (Ausnahmesituation im eintönigen Alltag). Um dieses Ergebnis zu konkretisieren, sollen die Schüler entsprechende Textstellen nennen, die belegen, daß der Protagonist ebenfalls mit seiner eigenen Frau vom Mythos Roms ergriffen und fasziniert war.
Der intendierte Aufbruch Delmonts in eine scheinbar erlösende Freiheit wird vereitelt von der Einsicht und Erkenntnis, daß ihn die angestrebte Intensivierung seiner Liaison mit Cécile unzweifelhaft in eine ähnliche, alltägliche Situation führen wird, der er überdrüssig geworden ist (Unvereinbarkeit von Alltag und ständiger Freiheit).
So war für ihn diese Reise keineswegs überflüssig, besitzt er doch nun eine höhere Bewußtseinsebene bezüglich seines spezifischen Problems. In diesem Zusammenhang sollte auch die Bedeutung des Romantitels erörtert werden.
Wurde bereits in der vorhergehenden Unterrichtseinheit die chronologische Disposition der aktuellen Präsenssegmente angesprochen, kann jetzt dieses Ergebnis bestätigt werden. Die Korrespondenz: Anfang – Ende des Romans = Abfahrt – Ankunft der Romreise müßte ohne weiteres von den Kursteilnehmern erkannt werden.
Die Interpretation des Buches, das der Protagonist am Pariser Bahnhof gekauft hat und als Leitmotiv dieses Romans angesehen werden kann, dürfte dagegen nicht ohne Lehrerhilfe auskommen. Obwohl der Leser niemals den Titel erfährt, wird schließlich am Ende angedeutet, daß dieses Buch (‚ce livre futur et nécessaire') nichts anderes ist als die sichtbare Vorwegnahme der noch unbeschriebenen ‚épisode crucial'.
Bevor in dieser Unterrichtseinheit die elaborierten Charakteristika des Butor'schen Romans zusammengefaßt (Tafelanschrieb!) und kommentiert bzw. mittels Textverweise konkretisiert werden sollen (Möglichkeit des

direkten Vergleichs mit den romanspezifischen Resultaten von ‚Le Père Goriot'), möchte ich noch zu einer selbständigen Textproduktion anregen. Da nun ausreichende inhaltliche Informationen über ‚La Modification' vorhanden sein dürften – in den Zeilen 96–98 wird zudem der Romaninhalt abstrakt resümiert – sollte einmal versucht werden, den Beginn dieses Werks im Stil des traditionellen Romans zu verändern. Diese Aufgabe wird vor allem literarisch interessierte Schüler motivieren, bietet aber gleichzeitig auch Gelegenheit, das Verständnis der unterschiedlichen auktorialen Intentionen (Konfrontation mit der Romanwelt – Einführung in die Situation des fiktiven Geschehens) zu überprüfen und zumindest diesen Wandel zu internalisieren.

8.11.1. Intentionen der 11. Unterrichtseinheit

THEMA: *La fin de ‚La Modification'*

GROBLERNZIEL: Die Schüler sollen sowohl die Gründe für das endgültige Scheitern dieser besonderen Romreise Delmonts als auch die Bedeutung des Leitmotivs ‚livre' erfahren.

FEINLERNZIELE: Die Schüler sollen

- bestätigen, daß die Einsicht Delmonts über seinen Willen gesiegt hat.
- herausfinden, daß Rom seine Anziehungskraft für den Protagonisten verlieren würde, wenn dieser Cécile nach Paris holte.
- erkennen, daß die Besonderheit Roms bzw. die befreiende Kraft Céciles in der Diskrepanz: Paris = Arbeitswelt (Alltag) – Rom = Ferienwelt (Ausnahmesituation im eintönigen Alltag) liegt.
- mit Textstellen belegen, daß der Protagonist ebenfalls mit seiner eigenen Frau vom Mythos Roms ergriffen und fasziniert war.
- äußern, das Delmont am Ende der Fahrt eine höhere Bewußtseinsebene bezüglich seines spezifischen Problems erreicht hat als zu Beginn seiner Reise.
- den Romanschluß von ‚La Modification' mit dem Ende von ‚Le Père Goriot' vergleichen und Gemeinsamkeiten wie Unterschiede nennen.
- die Korrespondenz: Anfang – Ende des Romans = Abfahrt – Ankunft der Romreise feststellen und am Text erörtern.
- den Romanbeginn von ‚La Modification' im Stil des traditionellen Romans verändern.
- die Bedeutung des Buches, das als Leitmotiv dieses Romans angesehen werden kann, deuten als die sichtbare Vorwegnahme der noch unbeschriebenen ‚épisode crucial' Léon Delmonts.

– als Modification den Sinneswandel des Protagonisten während seiner Romreise interpretieren.
– die Charakteristika des Butor'schen Romans zusammenfassen und kommentieren bzw. anhand von Zitaten verdeutlichen.

8.11.2. Möglicher Tafelanschrieb zur 11. Unterrichtseinheit

Les caractéristiques du roman de Michel Butor

1. La vision avec (et dedans) (monologue intérieur)
2. Absence d'histoire extraordinaire (histoire quotidienne)
3. La description phénoménologique du procédé de la conscience
   – la description minutieuse même des objets insignifiants
   – les changements du temps et de la scène
   – la chronologie du voyage comme structure de base
4. Le début abrupt
5. Le pronom ‚vous'
6. Les particularités stylistiques comme le ‚blanc', les parenthèses et les phrases très longues.

8.12. Didaktisch-methodische Überlegungen zum 12. Text

Ob der Aufsatz Butors als Schülerreferat vergeben oder mit dem gesamten Kurs thematisiert wird, auf jeden Fall müßte er zu Beginn von ‚La Modification' berücksichtigt werden, um die auktoriale Intention des erzähltechnischen Spezifikums ‚vous' zu durchschauen.
Die 2. Person Plural wird als diejenige charakterisiert, der man die eigene Lebensgeschichte erzählt. So dominiert dieses Personalpronomen beispielsweise in Gerichtsverhören und Polizeivernehmungen, um einen Verdächtigen (oder Zeugen) über diskrete, rein persönliche Gewissensentscheidungen bzw. zur Bestätigung von kriminologischen Vermutungen zu veranlassen.
Die Konfrontation mit der eigenen Geschichte soll zur Selbstreflexion provozieren und die Selbsterkenntnis erleichtern (didaktische Implikation).
Erzähler und Angeredeter sind in ‚La Modification' identisch – „das ‚vous' bezeichnet die Aufspaltung des Protagonisten in ein angesprochenes und ein sprechendes Ich“ [1] –; mit Hilfe dieses „sprachlichen und

[1] Klaus Netzer: Der Leser des Nouveau Roman, Frankfurt 1970, S. 79

erzähltechnischen Raffinements"[2] soll der Leser unmittelbar am Bewußtseinsprozeß Delmonts partizipieren und ohne kosmetische Korrekturen die spezifische Problematik des Reisenden erfahren.
Für die Schüler gilt es, diese charakteristische Bedeutung des Pronomens ‚vous' zu erschließen.
Wenn auch die auktoriale Signifikanz erst anhand mehrerer Textbeispiele angemessen verifiziert werden kann, so sollte hier bereits, ausgehend von konkreten Beispielen und der Deutung ihrer situativen Gemeinsamkeiten, die Funktion des ‚vous'-Gebrauchs erörtert werden.
Sollte dieser Aufsatz in einem Schülerreferat inhaltlich vorgestellt werden, müßte auch hier der Kurs gemeinsam die Intention des Romanciers erarbeiten, um das Verständnis dieses Romanspezifikums zu garantieren. Da der direkte Bezug zur eigentlichen Romansituation auf keinen Fall vernachlässigt werden darf, sollte das gebundene Unterrichtsgespräch überwiegen.

8.12.1. Intentionen der 12. Unterrichtseinheit

THEMA: *Michel Butor: L'usage des pronoms personnels dans le roman — 4. La seconde personne*

GROBLERNZIEL: Die Schüler sollen die erzähltechnische Bedeutung des Personalpronomens ‚vous' kennenlernen, um die auktioriale Intention dieses Spezifikums in ‚La Modification' zu durchschauen.

FEINLERNZIELE: Die Schüler sollen

- konkrete Beispiele nennen, in denen das Personalpronomen der 2. Person berücksichtigt wird (z. B. vor Gericht, bei einem Verhör, in der Schule).
- herausfinden, daß in diesen Situationen der Befragte (Angesprochene) zumeist zu affirmativen Aussagen motiviert bzw. provoziert werden soll.
- die 2. Person erzähltechnisch als diejenige charakterisieren, der man seine eigene Geschichte erzählt, um selbst diskrete, rein persönliche Gewissensentscheidungen, die man sonst verheimlichen würde, offen und ehrlich zu bekennen.
- als didaktische Implikation der 2. Person die provozierte Selbstreflexion bzw. den Prozeß der Selbsterkenntnis und der Selbstoffenbarung anführen.

---

[2] Klaus Netzer a.a.O. S. 79

[– vermuten, daß Butor in diesem Roman die Bewußtseinszustände Léon Delmonts unbeschönigt vorführen will (– der Erzähler erscheint gleichzeitig als unerbittlicher Zeuge).]

- die leserbezogene Wirkung des ‚vous'-Gebrauchs erörtern und dabei die unmittelbare Partizipation des Lesers bei dem Bewußtseinsprozeß Delmonts herausstellen.
- die romantechnische Bedeutung der anderen Personalpronomina erwähnen.

8.13 Didaktisch-methodische Überlegungen zum 13. Text

Oft wird in den Philosophiekursen der gymnasialen Oberstufe die Phänomenologie Husserls behandelt. Der Lehrer sollte daher diese Eventualität berücksichtigen, um in einem solchen Fall das diesbezügliche Vorwissen der Schüler anhand einer entsprechenden Hausaufgabe zu überprüfen; ansonsten werden diese ein (philosophisches) Lexikon konsultieren müssen, um sich über den theoretischen Ansatz Husserls zu informieren.

Der Text Pierre-A. G. Astiers über die Nähe des Nouveau Roman zur Phänomenologie soll eine Konkretisierung der angedeuteten Beziehungen ermöglichen.

Ähnlich, wie bereits am Butor'schen Roman angemerkt wurde, unterscheidet die Phänomenologie nicht wichtig und unwichtig; alle Eindrücke sind gleichwertig und von gleicher Signifikanz für die Totalität des Menschen und seines Weltbildes. Der ‚monologue intérieur' in ‚La Modification', der den Leser am Bewußtseinsprozeß und der Umweltschau des Protagonisten teilhaben läßt, scheinbar ohne Vorsortierung und Gewichtung seitens des Autors, reflektiert sehr deutlich die bewußte Realisierung des phänomenologischen Anspruches. Eine leserbezogene, spannungprovozierende Auswahl von Erzählmomenten, die wir im Balzacschen Roman festgestellt haben, wird von Butor völlig negiert; an die Stelle des objektiven, allwissenden Betrachters tritt nun die subjektive Perspektive einer komplexen Realität.

Es genügt nicht in dieser Texteinheit die abstrakten Gemeinsamkeiten aufzuzählen, es geht vielmehr darum, den philosophischen Einfluß anhand von Textbeispielen aus ‚La Modification' zu belegen, zu konkretisieren und bewußt zu machen.

Da für den inhaltlichen Schwerpunkt dieser Unterrichtseinheit zuvor schon entscheidende Vorarbeit geleistet worden ist – einige Aspekte waren zum Teil als Lernziele der vorausgehenden Romanauszüge formuliert – dürfte

von den Schülern erwartet werden, die phänomenologische Nähe des Nouveau Roman zu akzentuieren und zu bestätigen.
Abgesehen von einigen Anregungen (z. B. lernzielspezifische Gesichtspunkte komprimiert zu resümieren, eine Fertigkeit, die häufiger geübt werden sollte), kann der Lehrer den Kursteilnehmern die Konkretisierung des theoretischen Hintergrundes überlassen, um ihre interpretatorische Kompetenz zu beobachten und zu fördern.

8.13.1. Intentionen der 13. Unterrichtseinheit

THEMA: *Pierre-A. G. Astier: Nouveau Roman et phénoménologie*

GROBLERNZIEL: Die Schüler sollen über die Nähe des Nouveau Roman zur Phänomenologie informiert werden.

FEINLERNZIELE: Die Schüler sollen

- die Phänomenologie als philosophische Richtung Husserls bzw. Merleau-Pontys kennenlernen und ihren theoretischen Ansatz beschreiben.
- die phänomenologische Beschreibung kennzeichnen als diejenige, die nicht wichtig von unwichtig unterscheidet, sondern alle Eindrücke gleichwertig und notwendig erachtet.
- erkennen, daß der Nouveau Roman die Komplexität des menschlichen Bewußtseins durch die phänomenologische Darstellung nachzuzeichnen versucht.
- den ‚monologue intérieur' als den nichtvorsortierten Gedankenfluß interpretieren. (Beispiele in ‚La Modification: die oft unmotivierten Szenenwechsel.)
- den phänomenologischen, d. h. u. a. komplexen und zum Teil inkohärenten ‚récit' Butors vom auswählenden, dramatisch strukturierten ‚récit' Balzacs unterscheiden.

8.14. Didaktisch-methodische Überlegungen zum 14. Text

In diesem Aufsatz, der am Ende der Unterrichtsreihe steht, setzt sich Robbe-Grillet, neben Butor einer der bedeutendsten Autoren und Theoretiker des Nouveau Roman, mit Anschuldigungen von Gegnern dieses neuen Romantyps „dialektisch-polemisierend" [1] auseinander.

---

[1] Herbert Christ: Der ‚nouveau roman' als Problem der Fachdidaktik, in: NM 2—70

Thesen der Gegner:

- Le Nouveau Roman a codifié les lois du roman futur
- Le Nouveau Roman a fait table rase du passé
- Le Nouveau Roman veut chasser l'homme du monde
- Le Nouveau Roman vise à la parfaite objectivité
- Le Nouveau Roman, difficilement lisible, ne s'adresse qu'aux spécialistes

Antwort Robbe-Grillets in Thesen:

- Le Nouveau Roman n'est pas une théorie, c'est une recherche
- Le Nouveau Roman ne fait que poursuivre une évolution constante du genre romanesque
- Le Nouveau Roman ne s'adresse qu'à l'homme et à sa situation dans le monde
- Le Nouveau Roman ne vise qu'à une subjectivité totale
- Le Nouveau Roman s'adresse à tous les hommes

Die Schüler finden, vorangestellt bzw. zwischengeschaltet, einige bedeutsame Aspekte über diesen klassischen Romantyp und erfahren gleichzeitig die Stellungnahme eines Nouveau Romancier und die neue Konzeption, die in einigen Punkten erläutert wird. Da z. B. die Auflösung der Fabel oder die Wandlung des Helden, die zwar in der Reihe erwähnt werden sollen, jedoch infolge der Beschränkung auf Textausschnitte nicht erarbeitet werden können, angesprochen, die einzelnen Teilgesichtspunkte zu den übrigen Unterschieden jedoch nicht präzisiert, mit einem konkreten Beispiel belegt werden, bieten sich 2 Vorteile: 1. könnte die ausgesparte Betrachtung des Helden wie auch der Fabel die Schüler motivieren, diese oder auch andere Romane im Ganztext zu lesen, um die angedeuteten gleich den erarbeiteten Veränderungen zu erkennen und nachzuvollziehen — damit wäre eine selbständige kritische Beschäftigung mit Literatur erreicht — und 2. könnte die veränderte Technik, die Robbe-Grillet oft nur andeutet, mit entsprechenden Textstellen aus ‚Le Père Goriot' und ‚La Modification' begründet werden. Auf diese Weise kann das Verständnis dieser Unterrichtsreihe kontrolliert und gesichert werden.
Schwerpunkt der letzten Unterrichtseinheit soll u. a. diese Generalwiederholung oder besser Konkretisierung sein. Dabei sollen besonders die schweigsameren und schwächeren Schüler angesprochen werden, um die Breite bzw. das Ausmaß des Lernerfolges dieser Reihe zu überprüfen.
Es können diesem Text zwei Leitfragen: 1. Structurez le texte et trouvez les aspects essentiels de Robbe-Grillet; 2. Comparez ses déclarations avec nos resultats élaborés, et donnez des exemples en recourant aux textes

traités – übergeordnet werden, anhand derer, ähnlich wie im Abitur, die Problematik dieses Auszuges selbständig erarbeitet werden kann. So sollte an dieser Stelle ein freies Unterrichtsgespräch intendiert werden, um die Schüler auf die eigenständige Textkritik vorzubereiten.
Nach der Bearbeitung der beiden Leitfragen kann in einer größeren Zusammenfassung die Wandlung in der Technik des französischen Romans thesenhaft an der Tafel festgehalten werden, um den Erfolg des freien Unterrichtsgesprächs zu kontrollieren und damit quasi alle entscheidenden Lernziele implizit zu überprüfen. Die Kommentierung dieser Thesen soll in der Endhausaufgabe schriftlich verlangt werden, um die individuelle Beschäftigung zu garantieren und das Verständnis der Kursteilnehmer gegenüber den inhaltlichen Zielen dieser Reihe beurteilen zu können.
Da anhand dieses Textes die *‚Wandlung in der Technik des französischen Romans‘* resümierend konkretisiert werden kann, bietet er sich außerdem für eine Klausur an.

8.14.1. Intentionen der 14. Unterrichtseinheit

THEMA: *A. Robbe-Grillet: Nouveau Roman, homme nouveau*

GROBLERNZIELE: Die Schüler sollen an diesem Text die selbst erarbeiteten Ergebnisse der Wandlung in der Technik des französischen Romans wiedererkennen und mit Textstellen aus ‚Le Père Goriot‘ bzw. aus ‚La Modification‘ begründen.
Die Schüler sollen aufgrund dieser intersubjektiven Übereinstimmung zu weiterer kritischer Literaturarbeit sensibilisiert werden.

FEINLERNZIELE: Die Schüler sollen

- den Text ohne Lehrerhilfen strukturieren und mit Überschriften versehen.
- die Aspekte Robbe-Grillets mit Beispielen aus ‚Le Père Goriot‘ und ‚La Modification‘ begründen.
- die eigenen Ergebnisse in dem theoretischen Auszug Robbe-Grillets wiederfinden und zusätzlich erarbeitete Kriterien nennen und belegen.
- die Wandlung in der Technik des französischen Romans thesenhaft formulieren und begründen.
- sich in der selbständigen Erarbeitung eines Textes anhand von Leitfragen üben und ein freies Unterrichtsgespräch führen.

8.14.2. Möglicher Tafelanschrieb zur 14. Unterrichtseinheit

La structure du texte de Robbe-Grillet

l. 1–5: l'accusation des défenseurs du roman traditionnel
l. 6–20: la réponse des Nouveaux Romanciers
l. 21–30: le problème de l'objectivité
l. 31–38: l'auteur (le narrateur) omniscient chez Balzac
l. 38–43: la vision limitée chez les Nouveaux Romanciers
l. 44–47: la complexité du monde
l. 48–55: le projet d'écrivain, c'est le ‚comment'

Le changement de la technique du roman français

LE ROMAN TRADITIONNEL (Le Père Goriot)	LE NOUVEAU ROMAN (La Modification)
1. la perspective narrative	
la vision par derrière	la vision avec et dedans
2. la description	
– de l'extérieur à l'intérieur – le choix des objets – (le récit linéaire)	– la description phénoménologique – la considération même des objets insignifants – les changements du temps et des personnages annoncés par le ‚blanc' – la construction de ce roman: chronologie du voyage comme structure de base
3. la considération du lecteur	
– la présentation de l'endroit et des personnages – l'introduction du lecteur – s'adresse à un lecteur passif	– le lecteur est confronté avec le monde fictif – (le début abrupt) – exige un lecteur actif

4. l'intention de l'auteur

- l'histoire extraordinaire
- l'histoire touchante
- le roman comme drame

- l'histoire quotidienne
- la reproduction du monde complexe et des pensées souvent incohérentes
- la confrontation avec le monde complexe

9. Abschließende Betrachtung

Die Unterrichtsreihe: ‚*Changement de la technique du roman français ou roman traditionnel – Nouveau Roman*' wurde von mir in einem Leistungskurs der Jahrgangsstufe 12,2 mit großem Erfolg durchgeführt.
Dennoch möchte ich einige zusätzliche Anregungen für die Behandlung einer solchen Problematik geben, um die Möglichkeiten der Planung bzw. Durchführung zu erweitern und das Verständnis eventuell zu vertiefen. Als hilfreiche Vorbereitung auf diese Reihe sollte den Schülern das vorzeitige Lesen der Romane geraten werden – da diese Werke u. a. sehr textumfangreich sind, sollte die deutsche Übersetzung durchaus toleriert werden –; so verfügten diese über das Globalverständnis der Inhalte und könnten die ausgewählten Texte (Transparenz!) entsprechend einordnen. Als Alternative böte sich gegebenenfalls die Betrachtung der Filme an: vorbereitend, um über die Romaninhalte zu informieren, nachbereitend bzw. vertiefend, um z. B. die filmische Realisierung der szenischen Wechsel in ‚La Modification' zu analysieren und zu beurteilen. Diese, kurz angedeuteten Ergänzungen sollen Anlaß geben, weitere, auf die spezifische Klassensituation bezogene Aspekte zu berücksichtigen, um so die Schüler für das selbständige kritische Lesen von Literatur entsprechend zu sensibilisieren.

10. Bibliographie

Albérès, R. M.: Métamorphoses du roman, Paris 1966

Arnold, W.: Fachdidaktik Französisch, Stuttgart 1973

Astier, P.-A. G.: La crise du roman français et le nouveau réalisme, Essai de synthèse sur les nouveaux romans, Paris 1969

Auerbach, E.: Mimesis, Bern 1964

Balzac, H. de: Le Père Goriot, Livre de Poche, Paris 1972

Barbéris, P.: Le Père Goriot de Balzac, Paris 1972

Barthes, R. Am Nullpunkt der Literatur, Hamburg 1959

Behme, G.: Fiktionale und nicht-fiktionale Texte zu Beginn der Übergangsstufe?, in: Praxis 1—74

Beschlüsse der Kultusministerkonferenz — Einheitliche Prüfungsanforderungen in der Abiturprüfung Französisch, Neuwied 1975

Bloom, B. S.: Taxonomie von Lernzielen im kognitiven Bereich, Weinheim und Basel 1973

Boisdeffre, P. de: Où va le roman, Paris 1962

Buchloh, I.: Der Nouveau Roman im deutschen Gymnasium, in: Die Neueren Sprachen, Frankfurt 1970

Butor, M.: La Modification, 10/18, Paris 1957

Butor, M.: in: ‚Le Figaro Littéraire‘ vom 7. 12. 1957

Butor, M.: Répertoire I, Paris 1960

Butor, M.: Répertoire II, Paris 1964

Butor, M.: Essais sur le roman, Paris 1964

Christ, H.: Der ‚nouveau roman‘ als Problem der Fachdidaktik, in: NM 2—70

Christ, H.: Poetische Texte im Curriculum des Französischunterrichts, in: FU 2—72

Christ, H.: Kriterien für Leistungskurse in den Neueren Sprachen, in: Praxis 1—77

Croon, W.: Le commentaire dirigé, in B: Didaktisch-methodische Einführung und Literaturhinweise, Frankfurt 1973

Empfehlungen für den Kursunterricht im Fach Französisch (Curriculum II) — Arbeitsmaterialien und Berichte, Heft 5, Düsseldorf 1973

Flechsig, K.-H. u. a.: Probleme der Entscheidung über Lernziele, in: Achtenhagen, F. / Meyer, H. L. (Hrsg.): Curriculumrevision — Möglichkeiten und Grenzen, München 1971

Häublein, E.: Die Stellung der Tradition in der literaturdidaktischen Diskussion der Gegenwart, in: NM 2—74

Kindlers Lexikon der Literatur, München 1969

Köhring, K.-H. / Schwerdtfeger, J.: Überlegungen zu einem pragmatischen Literaturunterricht, in: NM 1—75

Lagarde/Michard: XIXᵉ siècle, Paris 1969
Lalande, B.: La Modification — Butor, Paris 1972
Lämmert, E.: Bauformen des Erzählens, Stuttgart 1952/72
Liebe, E. Zur Arbeit mit fiktionalen Texten auf der Übergangsstufe, in Praxis 2—73
Lübke, D.: Lernziel ‚Kommunikationsfähigkeit' — Probleme und Lösungsvorschläge für die Praxis, in: Praxis 3—75
Miller, N.: Romananfänge, Berlin 1965
Morlang, W.: Probleme des Französischunterrichts in der neugestalteten gymnasialen Oberstufe, in: Praxis 3—76
Netzer, K.: Der Leser des Nouveau Roman, Frankfurt 1970
Pabst, W.: Der moderne französische Roman, Berlin 1968
Pielow, W.: Das Gedicht im Unterricht, München 1970
Pollmann, L.: Der Neue Roman in Frankreich und Lateinamerika, Stuttgart 1968
Pollmann, L.: Balzac — Le Père Goriot, in: Heitmann, K.: Der französische Roman I, Düsseldorf 1975
Proust, M. Chroniques, Paris 1972
Quéréel, P.: La Modification de Butor, Paris 1973
Raasch, A.: Konfrontative Gedichtinterpretation im Französischunterricht, in FU 2—72
Reisener, H.: ‚Zur Definition von Kommunikation als Lernziel für den Fremdsprachenunterricht', in: Die Neueren Sprachen 4—74
Richtlinien für den Unterricht in der Höheren Schule (NRW) — Französisch, Ratingen 1963
Riegert, G.: Le Père Goriot, Paris 1973
Robbe-Grillet, A.: Nouveau Roman, homme nouveau, in: La Revue de Paris, September 1961
Robbe-Grillet, A.: Pour un Nouveau Roman, Paris 1963
Robinsohn, S. B.: Bildungsreform als Revision des Curriculum und Ein Strukturkonzept für Curriculumentwicklung, Neuwied 1972
Rossum-Guyon, F. van: Critique du roman, Essai sur ‚La Modification' de Michel Butor, Paris 1970
Rossum-Guyon, F. van: Conclusions et Perspectives, in: Nouveau Roman: Hier, Aujourd'hui, Bd. 1, Paris 1972
Roth, H.: Pädagogische Psychologie des Lehrens und Lernens, Hannover 1973
Rothmund, A.: ‚Nouveau Roman' und Französischunterricht, in: Zeitschrift für französische Sprache und Literatur 1967
Roudaut, J.: Michel Butor ou Le Livre Futur, Paris 1964
Roudaut, J.: Répétition et modification dans deux romans de Michel Butor, in: Saggi e ricerche di letteratura francese, Bd. 8, Pisa 1967

Rück, H.:	Französische Literatur im Entscheidungsfeld neuer Lernziele, in: FU 2—76
Sartre, J. P.:	Qu'est-ce que la littérature, Paris 1948
Stanzel, F. K.:	Typische Formen des Romans, Göttingen 1967
Straßburger, K.:	Strukturale Textlektüre im Französischunterricht der Sekundarstufe II, in: FU 1—76
Weinrich, H.:	Für eine Literaturgeschichte des Lesers, Merkur Jg. 21, Heft 7, Juli 1964
Westphalen, K.:	Praxisnahe Curriculumentwicklung, Donauwörth 1976
Wilhelm, J.:	Nouveau Roman und anti-théâtre, Stuttgart 1972
Wolff, U.:	Textarbeit und Dossierkonstruktion — zum Problem der Progression im Französischunterricht der S II, Praxis 2—75

01.23.35***